因愛重生
忻愛從心

U0938290

鄭秀文
香港歌手、演員

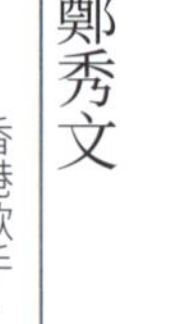

推薦序

從隱藏自己患癌到坦誠分享病情，患癌使文忻直視真正的自己，也明白允許自己脆弱的可貴。她赤誠地打開了自己，就得到了更多世界愛的回饋。亦因為這場病，重新喚醒對唱歌曾經有過的熱情。我沒有想過我在台上的一番話語，竟然喚醒文忻對音樂的激情，我常覺得，「生命影響生命」是一件美麗感動的事，謝謝文忻提醒了我——「生命本身就是一場重大的意義」，人與人之間是有着奇妙愛的樞紐。

從絕望到勇敢，文忻決定寫下自己的故事，讓抗癌歷程化成更大意義，化成對別人的勉勵，讓癌病患者看到——有人明白自己。

跟所有人一樣，我都是從一些報道得知文忻患癌。然後，開始默默留意她。人們大都會以「生命鬥士」來形容面對病疾的人，但我會更想用「重新認識自己和認識生命的人」來形容文忻。

癌症，讓她更懂得如何真正地活，每一天廿四小時都變得特別珍貴。尤其對於想做的事，就更努力付諸實踐。出版這本書，正是。

文忻現在擁抱當下，抓緊今天，勇敢面對着身體的挑戰。這本書，盛載着文忻的身體、情感、精神和靈魂。裏面不單單只是抗癌之路，而是一本生命之書。淚中有笑，笑中有淚，像一本有心跳的書。

她在這場病之中認識不一樣的自己。像抗戰，也像一場人生功課，每天領受生命真義。

我深信，因為有愛，再痛再難，文忻都會找到努力下去的意義和力量。

推薦序

張衛健
香港藝人

世上每一個人，無論是富有、貧窮、位高權重、地位卑微、學富五車、目不識丁、力壯如牛、弱不禁風……都需要別人鼓勵。只是被鼓勵的形式不一樣。

從別人的成功中得到借鑑，從別人的失誤中得到警惕，從別人的幸福中得到追求的路徑，從別人的痛苦中得到跨過困難的方法與毅力……

偶然聽到的一個故事、一首歌，一句話，偶然看到的一部電影，一則新聞、一本書……都有可能大大地鼓勵了我們並改變我們的一生。

同樣，當我們偶然地說了的一句好話，偶然地做了的一件好事……也有可能影響別人的一生！

所以，本書的主人翁Nathaliie認為等待機緣巧合的「偶然」，不如開展不望回報的「主動」，主動地把她婚姻不如意，被騙財、喪父、患癌等充滿甜酸苦辣的人生，跟大家分享，讓「偶然」讀到這本書的人得到一股力挽狂瀾的生命力！從而折射出生命影響生命的龐大能量。

然後這位受惠的「偶然人」繼續以同樣的良性循環去感染別人。

每個人都能成為別人的天使，成為別人生命的益生菌。

本人始終相信：那含淚播種的人，必含笑獲享收成。（摘自《聖詠》126章，第五節）

推薦序

鄭家成

周大福慈善基金主席
淨緣慈善基金項目管理委員會主席

認識吳文忻，源自一個月前的一次因緣際會。當時，經同事的熱情推薦，我們邀請她作為「大粒MAC教室」閱讀計劃——生死教育書籍《快樂的死亡》的訪問嘉賓。那是我與她初次相遇，她給我的第一印象是一位充滿陽光與活力的女子，言談間流露出一種難得的樂觀與堅韌。她的笑容，仿佛能瞬間消弭周圍的沉重，讓人感受到生命的溫暖與希望。

在節目錄製的過程中，文忻娓娓道來她的故事。那些充滿挑戰與磨難的經歷，深深震撼了我。她的自傳《因愛重生》以細膩的筆觸，將這些故事呈現得淋漓盡致，讀來令人動容。從書中，我看到一個在逆境中掙扎卻從未放棄的靈魂。她曾面對無數艱難時刻，但從未被命運擊倒，反而在每一次跌倒後，選擇以反思與學習重新站起來。她的故事不僅是一個人的奮鬥縮影，更是一段關於愛、勇氣與重生的深刻旅程。

文忻的經歷讓我深刻體會到，真正的重生並非單純的倖存，而是通過內心的覺醒與改變，找到生命的意義與方向。她從親情、友情乃至對自身的愛中汲取力量，超越病痛與挫折，綻放出屬於自己的光芒。她的故事提醒我們，無論人生如何跌宕，只要心懷愛與希望，總能找到前行的方向。

作為周大福慈善基金主席及淨緣慈善基金項目管理委員會主席，我深信慈善與公益的核心在於為社會注入希望與改變，「生命影響生命」。文忻的故事正是這一理念的生動體現。

《因愛重生》不僅是一本記錄個人生命的自傳，更是一面鏡子，讓我們反思生命的價值與意義。我由衷感謝文忻願意分享她的故事，也希望每一位讀者都能從中汲取力量，找到屬於自己的重生之路，在愛與感恩中迎接生命的每一個挑戰。

推薦序

馬浚偉
新城廣播有限公司
行政總裁

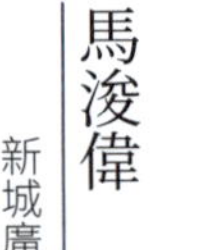

我認識吳忻熹（文忻）已有許多年光景。記憶中，她是透過參加香港小姐選美踏入演藝圈，而我們也曾有緣在同一時期於電視台工作。雖然仔細回想，彼此似乎未曾有過實質的合作機會，但腦海中關於她的印象卻十分清晰——一個氣質清秀、個性鮮明且帶着幾分純粹感的女藝人。可惜的是，我們實際的接觸並不多，因此對她的了解，也僅停留在這份遙遠而美好的觀感層面。

這些年間，偶爾也會透過娛樂報道知曉她的近況。印象裏，她的生活似乎一直過得平靜而安穩。後來，感覺她逐漸淡出了五光十色的演藝圈，我便自然而然地猜想，她已將生活的重心全然投注於幸福的家庭角色之中，成為一位盡責的妻子與慈愛的母親。未曾料到，就在不久前，一則新聞報道才讓我震驚地得知，原來她早已默默與癌症病魔抗爭多時。她選擇了低調面對，直至病情復發，才終於敞開心扉，向大眾分享這段艱辛的抗病歷程。

得知消息的當下，內心確實湧起一陣難過與擔心。然而，當我透過報道，讀到她面對巨大挑戰時所展現出的那份積極、樂觀與無比的堅韌，那份難過很快轉化為深深的感動，以及滿滿的、發自內心的欣賞。這份感觸對我而言格外深刻，因為我的家庭，同樣是一個曾經歷癌症風暴的「癌症家庭」。正因如此，每當聽聞相識或陌生的朋友遭遇此病，內心總會不由自主地揪緊，並強烈渴望能為他們送上哪怕只是一點點的溫暖與鼓勵。

之後，我透過更多訪談內容，了解到文忻不僅以驚人的毅力對抗病魔，心中更懷抱着許多未追的夢想與熱忱——她喜歡唱歌，渴望以歌手的身分站上舞台，甚至希望能贏得代表肯定的新人獎項。而最近，更得知她將這份力量與感悟化為文字，即將出版屬於自己的作品。在此，我懷着最誠摯的心意，以這篇序言，向她致上最深切的慰問、最堅定的鼓勵、最真誠的支持，以及最溫暖的祝福。衷心期盼她的這本新作，能像一束穿透陰霾的光，喚醒深藏於每位讀者心底那份最原始、最強大的韌性與力量。更願她所傳遞的這份不屈信念，能如同黑夜中的燭火，溫柔地照亮並溫暖每一個正在人生崎嶇路上、默默奮鬥着的靈魂，給予他們前行的勇氣與慰藉。

推薦序

謝安琪　張繼聰

香港歌手、演員

親愛的文忻：

謝謝你邀請我們為你的新書寫幾句想說的話，好讓我們能夠藉此機會好好感謝你和為你送上祝福。

雖然我們以往並不相熟，大概只是在娛樂新聞報道中對彼此有個印象吧。可是自從得知你身體抱恙，並且非常坦誠地和大家分享你的歷程，我們開始認識你更多。

這一段路程真的不容易啊，而你展現出的勇敢和堅毅，讓我們心痛卻也讓我們感受到你滿載正能量的美麗。佩服你在此艱難的旅程中，仍努力騰出空間將你切身的感受和大家分享，甚至製作成書本讓大家能夠好好了解身體和自身這一個課題。

我們都知道，每人的生命課題都不同，可是每當遇到困難所經歷的沮喪和憂慮，卻是共通的。我們衷心祝願，這次身體的這一課你所需要經歷和學習的都領略了，祈求天父繼續保守你，讓你身體康復，意志繼續高昂，並將這課堂感受到的愛和光，透過你的文字你的分享，溫暖並激勵更多的心靈。

我們衷心祝福你和你的一家，身體健康，平安順心。

安琪和繼聰

推薦序

唐安麒

唐安麒國際集團創辦人

知道Nathaliie寫書，再次驚訝其非一般的毅力，同時令我感到欣慰的，是又多一分力量傳遞正能量！在她這個抗病時期，還要花心神及犧牲休息時間，親筆分享感受及經驗，這份心思十分可貴及值得尊敬。

我跟Nathaliie結緣，是因為她一對可愛漂亮的女兒Scarlet及Season在YS韓國偶像學院接受跳舞和唱歌課程。雖然我是YS香港分校的校監及合夥人，但也要遵從及尊重YS辦學及收生的宗旨，就是嚴選有天分及尊重演藝的學生，並非單單支付學費就可入讀，一定要合格通過多重面試審核才獲取錄。所以Nathaliie的女兒成為YS學生，並非因母之名靠着Nathaliie的名氣及關係，她們靠的是才華及願意學習的熱誠。

認識Nathaliie後，深深感受到她源源不絕的堅毅。需要長時間休息的她，對女兒無微不至的照顧從不減，怎累也好，有時可能行動不大自如，她都盡力親自接送女兒上課下課。每次見她，她總是笑面迎人，綻放陽光般的笑容，沒有自怨自艾，並十分關心女兒的學習進度，不會當作是一般「玩玩吓」的興趣班。

我也是母親，明白Nathaliie對女兒們的親力親為，並非單單源自母愛，更是身體力行的進行身教：即使生病，即使多困難，也要活好當下。

我萬分欣賞及尊敬Nathaliie在抗病期間，時刻發放正能量，讓同路的病友得到安慰及支持，更啟發大家只要抱着正念，即使路有多崎嶇不平，也可笑着一一跨過。

人生中所遇到的人和事，總會有當中的得着，遇到懷着天使心的Nathaliie，更令我肯定向來面對困難的信念：「天愈黑代表太陽更快出來」，只要抱着慈悲及正念，夜有多黑，苦有多痛，也驅不走生命的熱情和力量。

推薦序

余香凝

香港演員

有一次，我跟彭秀慧老師聊天的時候，她跟我說：「其實我一直覺得你好像我以前一位舊同學」「誰？」「吳文忻，你跟她的感覺好像，你認識她嗎？」「認識。」

我跟Nat是在聖母無原罪主教座堂陳神父的生日會上認識的，當時她戴着一頂黑色的帽子，沒有化妝也很漂亮，這是她給我的第一印象。我們在生日會上都沒有機會好好交流，生日會後她主動問：「你住哪裏？不如我載妳回家？」我們在短短的車程中，才開始真正聊天，大多數都是關於小朋友的話題，畢竟我當時才剛剛生了第一個小孩沒多久，好多東西都好想知道，Nat有兩個女兒，正好向她取經。

那時Nat給我的感覺是一位「大家姐」，應該是很有義氣、會主動幫人、很照顧身邊的人、愛家的一位大姐姐。

後來得知Nat癌症復發，我們都紛紛在教友的群組內表示對她的關心和為她祈禱，我特別再私底下發訊息給她，當時她用一把化療後不是最清晰的聲線，用語音回覆了我，說自己狀態尚算可以，會積極用不同的方法面對。之後沒多久就看見了她在社交媒體上上載了自己的抗癌點滴，用自己的經歷和經驗去鼓勵其他患者，即使在自己生病的時候繼續用生命影響生命，把正能量傳給大家。這種堅強樂觀「大家姐」的性格也許就是我們最相似的地方。

Nat，好開心可以從我們的共同朋友中聽見原來我們有相似的地方，感覺我們多了一份微妙的連繫，希望我們可以藉此把勇氣互補，在大家疲倦的時候互相支持，互相鼓勵再站起來，繼續用自己的力量去影響其他人，也許這就是天主安排我們認識的原因，我們一起帶着這份連繫繼續努力走我們的人生路。

推薦序

陳志明神父

今年三月，本人曾往吳文忻家中探訪，並舉行天主教祈福禮，求主賜予文忻有更多力量去面對癌症困擾，但從當日對談中，感覺文忻仍然以積極的心態去面對，而信仰亦給予她希望，特別通過祈禱，使她充滿盼望。在《聖經》中，《舊約》的《聖詠集》內容，多篇的祈禱文令人有所觸動：

天主啊！當文忻繼續去行這條傷痛之路，我懇求祢把這痛苦轉化為關懷，讓她內心慢慢懂得什麼是去愛而非擁有，生命是那麼寶貴，何等短暫，請賜給她新的視野；像一塊石頭，祢把它琢磨光滑。幫助她去捨棄舊我，使她的靈魂開拓新境界。

按照《若望福音》第17章第三節：永生就是：認識祢，唯一的真天主和祢所派遣來的耶穌基督。文忻自小已認識耶穌基督和慈悲的父，並且通過持久的祈禱，使這份人神的關係不斷增加，深信耶穌基督就是復活，就是生命。

天主啊，求祢幫助文忻張開眼目，每日看得更多。使她真的能夠更實在地，去渡不一樣的生活，領悟生命的真正意義，遠超越人的極限。人生在世，未必能達致無數的目標，實現不盡的夢想。但對生命的領悟正如聖經記載：「天主為愛祂的人所準備的是眼所未見，耳所未聞，人心所未想到的」。我同時深信：吳文忻的真人真事，能夠開啟讀者的心靈，學習她以正面及積極的態度去活出生命的智慧和價值。

「淚是酸的，血是紅的，奮鬥出來的生活是燦爛的」。

深信天主幫助她去活得更真實，更有內涵，更有希望。

推薦序

李珊珊

一九九六年香港小姐冠軍得主

網台創辦人

文忻和我也是在同一個地方出道，而那時候任職的公司太大，沒有機會好好認識。人生就是這麼微妙，怎會猜到數十載後，由上天安排下彼此拉近。

那如何連結起來呢？就是「無常」及「當下」促成。我們都是因「病」，重回大眾視線。即使沒有聯繫，生活方式、理念，有着相若的模式，自然也會留意彼此動向，可說在相同的時空，幹着一樣的事情。即使沒有接觸，心靈上的追尋亦是相近。

收到邀請為她的新書寫序，由衷感謝能留下本人所思所想。藉此補充一點，「無常」不是她和我獨有的。而且來得非常公平，人人有份永不落空。看到文忻處理無常的態度，值得敬佩、學習。

至於「當下」方面，任何人都不能改變過去，何況未來亦不可預知所控。每次在新聞上，看到文忻着力於當下，感到欣慰的同時，亦起提醒作用。不論處身於任何狀況，必須為「當下」而努力！

預祝作品大賣！不吝嗇分享自身經歷，讓人們增進相關認知，及日常處理心得，令不少人受助。在此，謝謝「無常」與「當下」的結合。

最後，文忻，你知道嗎？你是最好的。

推薦序

向海嵐

一九九八年香港小姐冠軍得主

香港藝人

一九九八年夏天，我們都是剛大學畢業的年青小女孩。大家懷着挑戰自己的心態，選擇了參選香港小姐這條路。那年，我認識了文忻。

初初認識她，給我的感覺是嬌小可愛、美麗、勇敢、開朗。永遠在我們一群人當中，都是很突出，什麼都很勇敢嘗試。相比當時的我，我反而是一個內向，相對比較文靜，什麼都不敢嘗試的女孩。

坦白說，最初認識她的時候，總覺大家好像有點距離及性格不合，因為她非常外向，而我又太內向。就算當選後的一年，大家要履行香港小姐的職務，幾乎每天都見面，也沒有令我們太接近。

直到往後幾年，我們一直有聚會，慢慢她給我的感覺完全改變了。她滿滿的正能量，她的樂觀、她敢愛敢恨的性格，漸漸覺得她愈來愈可愛了，也讓我對她認識深了一點。雖然她在人前，都是大大咧咧的，但其實內心深處，也有感性的一面。再直到她成為了一位母親，更見到她溫柔、充滿愛的一面。

收到她患病的消息時，都有一刻不太敢相信，自己也曾偷偷掉眼淚，覺得一個和自己一起成長的人，在身邊和自己那麼近的人，竟然患上癌症。我突然覺得世界很灰暗，為什麼會這樣。

最初知道她患病，有朋友相約去探望，自己也不太敢去，因為怕自己眼淺，見到她會不自覺地掉眼淚，影響大家的心情。後來還是覺得總要見面。見到她後，反而讓我感到驚訝，她完全不像一個病人，她的積極、樂觀，絕對是非一般的。可能因為家裏有兩個可愛美麗的小女兒，母愛令到她對戰勝病魔的動力更大。

見到她雖然被病魔折磨，但她那不放棄、積極的心態，真的很值得我們學習。她說：「生活還是要過的，難道每天愁眉苦臉，躲在家裏，什麼也不做嗎？」她每天除了堅強地接受各種治療之外，還繼續堅持接送女兒去上學、去興趣班，陪伴女兒去旅遊，做好母親的角色陪伴女兒等等。非常佩服！

她公開自己的病情之後，一直毫無保留地分享自己的經歷，一直鼓勵及幫助更多患病的人，希望大家都不要放棄，積極面對，互相鼓勵，是一件很有意義的事。

當然，我相信她也有脆弱的一面，但從來不會在我們面前展露出來。為了打贏這場仗，正能量是很重要的。作為朋友，只能在她身邊默默支持。多點陪伴，多點關心，擁抱當下，珍惜眼前人。

衷心祝願文忻早日戰勝病魔，重回人生軌道，展開更燦爛的新一頁。

也希望你的分享，可以令到更多人充滿正能量，積極面對人生，遇到挫折也不要放棄。

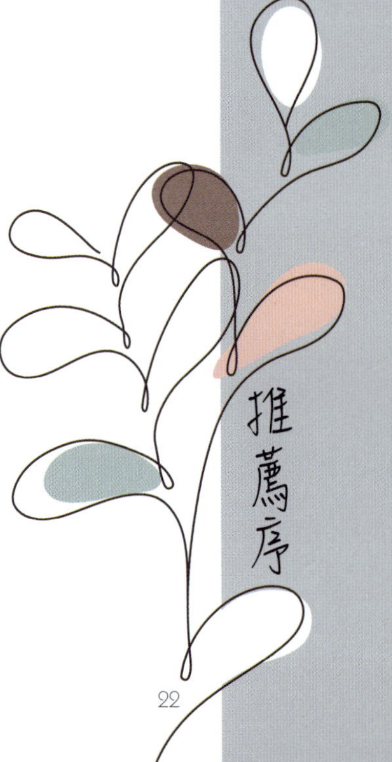

梁珮盈
前香港藝人

我想跟你說一聲：「感激遇上你。」每當我人生遇上重要時刻，你總會在我身邊，我參選港姐跟你一起受訓面對各式各樣陌生人群，我結婚你當伴娘陪我出嫁，我有小孩你比我更開心為我搜尋懷孕知識……我們像一起成長，一起學習，哭過，笑過，擁有過，錯失過，經常分享及分擔生活上種種苦與樂。

猶記得2022年，我走上人生另一重要階段，為兒子升學移居英國。當時你跟我說身體不舒服，感到胸部像起了異樣，經醫生診斷，確診是乳癌初期。我知道的一刻，非常震驚，不知道該怎樣是好，你卻表現冷靜，睜起如腰果般的雙眼，反過來安慰我：「不用擔心，只是小事，我會康復。」

當時你為令我留下美好回憶，在我離港前幫我搞Farewell Party，邀請我們同屆港姐出席，你還落手落腳佈置場地，在牆上掛上由你親手製造的「We will miss you」汽球，那一刻我非常感動。記得宴會尾聲，你還用電話建議大家每人錄製一段訴説自己的短片，加深了解自己也好，日後留為紀念也好，這些都令我難以忘懷。

你英文名Nathaliie，叫阿Nat，平時你總叫自己「吳叻」，話經常被人揾笨，其實在我心裏，你真的「好叻」！你是一個樂觀開朗、率直真誠、勇於嘗試新事物的現代女性，就是因為你的所謂「吳叻」，凡事不計較，無私的付出令你得到很多朋友的支持。

彭秀慧

香港演員、導演

吳文忻，我們是彼此人生最「老」的老友。

老的不是年紀，而是我們的確是相識最耐的好朋友。這些年來，你常常說我記性超人，要突然為你的自傳寫一篇序，我第一時間是回憶起我們小時候很多片段，很多都記得清清楚楚，畫面清晰得驚人。

關於你的第一個畫面，是小學一年級，你那個髮型，你那個笑容。我和你一年級已經是常常一齊過小息的同班同學，二年級因為坐在同一組，更加親密。很快我們就知道「物以類聚」的意思。我倆都是班上考前三名的優異生，但上堂傾計，美術堂偷圖畫紙，默書出少少貓的「惡行」一直都在犯（相隔了幾十年說出來應該不會記過吧）。同一時間我們熱衷表演，擁有澎湃的表演慾，我們都夢想成為演員（或電影明星），三四年級開始自己排演話劇在其他同學生日會上表演；在一所校規嚴謹的學校裏，所有同學都是乖孩子，我們卻總不愛留在家，常常溜躂街上，不是做什麼反叛青年，而是滿有生意頭腦地在聖誕節入貨去尖東街頭賣花，去紅磡碼頭街邊賣冷手襪，不是為賺錢，只是覺得好玩。

我們真的很貪玩，而在很多方面你比我更貪玩，更大膽。於是我們走在一起，像是雙劍合璧，一起闖禍，一起在學校見家長，所有所有都是回味起來會笑一餐的經歷。我當然也會記得你和我吵過的架，我們都倔強，都硬頸，火星撞地球的性格叫我們對事情常常有不同的看法，吵完過後，又嘻嘻哈哈，這就是好朋友啦。

你是我第一個移民的朋友，對我來說那是一個噩耗；這個和我每天煲電話粥，每個周末都一起過的好朋友要走了，你還記得嗎？移民美國前一晚，我們太

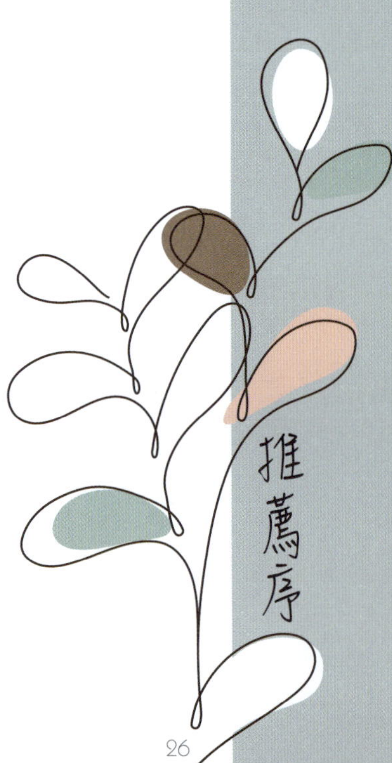

過不捨得大家，於是一直捧着電話聊天，直到差不多凌晨四點多，大家開始頂不順，才決定收線並約好三個小時後在機場見。殊不知，我竟然睡過頭，一醒來，嚇得三魂不見七魄，幸好當時機場還是在九龍城，我立馬飛的士，一直跑一直跑，去到閘口，看到其他同學，原來你剛剛入了閘，大家見到我，立即朝着閘口大叫：「彭秀慧嚟啦！」你又竟然真的從裏面跑出來——實在太像電視劇的情節——你衝出來，我衝過去，我們抱在一起，在以為大家以後都不會再見的一剎那，我們擁抱好好告別。

長達十幾頁的手寫信，價格昂貴的長途電話，口水多過浪花的郵寄錄音帶，我們全都經歷過。在美國的你，從來沒有忘記香港的精彩，畢業後就急不及待回來，更決心要闖入娛樂圈當個演員。沒有想過小時候我和你玩過無數次的「選美遊戲」，你竟然會認真（又勇敢）參加，還得到了季軍——我生命裏正式出現第一個「香港小姐」朋友。

往後，大家做了不同的選擇，開始有了不同的社交圈子，我們的溝通比以前少了許多，但在彼此心中的位置沒有動搖。在你人生身上發生的大小事，也應該會在這本自傳中提到吧。我不想知道你出自傳的動機，但我想説，以我一個認識你四十多年的老朋友來看，你沒有變，你一直沒有變，你仍然是頑皮，不願和世界妥協，貪玩倔強硬頸的那個你。這幾年你過得不容易，上天給你的考驗不少，幸好你硬頸，你不妥協，你也樂天，也許是這個性格讓你捱過了一個又一個的難關。

雖然人生有太多變數，這場和疾病對抗的硬仗不知道何時才是完勝的一天；但你的確很勇敢，面對最艱難的時刻，你用了你最喜歡的方法去面對，在很多人見證下，你走過了很長的路，還做了很多的事，第一次認真讚你，你好叻。

關於這篇序，如果要我再寫什麼，應該是一個祝福。從小學開始我們每年生日一起許過很多願，都沒有現在這個祝願認真，我想祝你「身體健康」。

吳文忻，我們今年五十歲，成為好朋友四十四年，希望我們可以繼續跑贏所有其他友誼的時間，繼續做最「老」的老友。

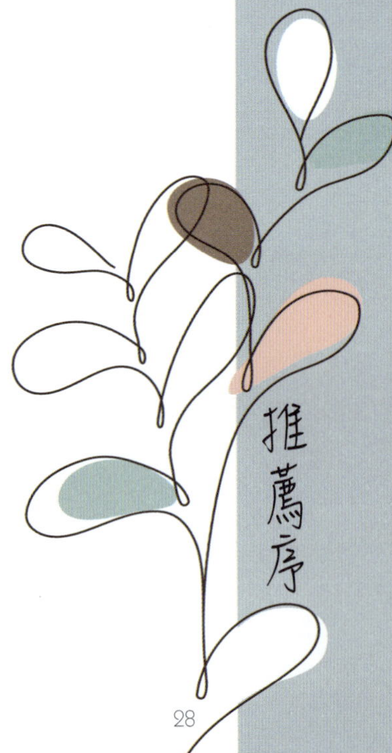

自序

構思出版這本自傳，是去年二零二四年確診癌症第三期之後，但我一直都是「懶懶閒」，沒有執筆的衝動，源於其實我本身不太喜歡把家事及私事公諸於世。

直至今年二零二五年二月，我因為心積水及肺積水，在醫院躺了十六天，並發現癌症已去到第四期，此時我始驚覺想做的事，就快點去做吧！回顧我的人生，就是充滿着矛盾和拖拉，既然現在好像跟死亡很接近，不是應該把握時間，做自己一直很想做而沒有做的事嗎？

不過，寫自傳是我一直很想做的事情嗎？並不是！但自從公開病情後，很多人告訴我，我的正能量很有感染力及啟發性。我在想，如果能把這份正能量一直延續下去感染更多人，這不是更有意義嗎？這不正正就是爸爸生前跟我說的話嗎？「我不需要你飛黃騰達，只希望你做自己喜歡又有意義的事情！」所以，我決定出這本自傳，公開患病的心路歷程。

雖然人人的人生經歷不同，但也同樣會經過高低起跌，這些都是一場經歷，一場學習。當初知道患有乳癌時，我也像一般人一樣想到：「Why me?」但原來你一直抱着這個心態是無補於事的，這個病始終都是會跟隨着你。在這三

自序

年的抗癌歷程中，我一直在反思，一直在學習，我也看着自己的心態一直在變。原來當你能夠真真正正的勇敢地去接受、放下、面對，並了解清楚這個病的源頭及徹底除根，才能自救和防止復發！

同時，我亦有一個想法，就是「化癌為機」，把這個癌症作為一個契機，去重新認識自己，給自己一個重生的機會，給自己重拾當年的初心，完成從前的夢想。我要把這股正能量化為文字及音樂，出書、出歌，以生命影響生命，和大家分享！我已跟自己説好，我不單要活着，還要比以前活得更好，活得更精彩！

吳文忻

第一章 患病

二零二五年二月
入住瑪麗醫院時，攝於病房窗前

當事情已經去到自己都不能控制的地步，

就接受它吧！接受和放下，等於放過自己！

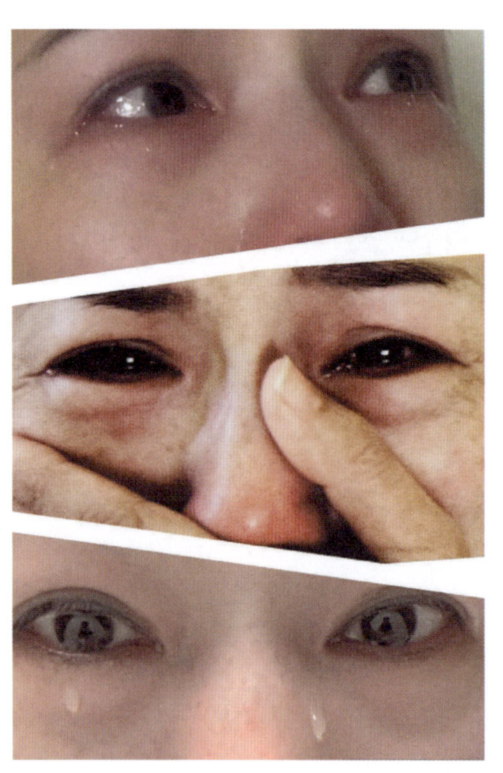

「眼淚無用，癌魔不是支配着我的生命，
是給我重生的機會。」

病中笑顏，人生絮語

二零二二年一月，吳文忻確診乳癌，三年後已是第四期階段，「升呢」為「四仔女星」。

這場抗癌之戰，帶來前所未有的身心折磨，但吳文忻沒有退縮喪膽，反而是為自己爭取每一口氣，與之對抗，與之共存，為的是要重新和重生。

眼淚無用，哭着承受重重人生苦楚多時的她，把眼淚狠狠抹掉，選擇傲然上場，因這場病關乎她的命，不活到最後一口氣，哪有重生的機會？

跟自己和解，把自己變得更好，就是對癌魔的最佳報復，告訴它：你不是支配着我的生命，只是給我重生的機會。

公開病況，給同路人安慰，也給失意迷途的一群寄愛，只要活好當下，明年今日，那個你已重生。

我很早已知會生病

我生病了。這場仗，一打，就打了超過三年。

二零二二年一月某天，我到美容院接受按摩通淋巴療程，技師在我左胸推淋巴時，突然說：「吳小姐，『有粒嘢』喎！你不如去檢查一下，有可能是水囊，但最好都是去檢查。」我平日沖涼時都會自我檢查，但完全覺察不到異樣。未幾我即入院接受檢查。

照超聲波後，醫生發現我左胸那粒小小的組織有問題，要透過乳房活檢（Breast Biopsy），以抽針方式抽取乳房組織作進一步檢驗評估，最後確診是乳癌。

我先後諮詢了三位醫生的意見，當中有兩位醫生建議進行局部切除，即是把癌細胞切掉。另一位醫生則建議「一了百了」進行全乳切除。作為女人，當然不想切除整個胸部。醫生也建議我接受術後輔助治療：電療及化療。由於那時左胸的癌細胞還很小，加上幼女生日及農曆新年將至，所以我立馬決定盡快接受局部切除手術。一向信奉自然療法的我，覺得電療和化療這些治療方法攻擊癌細胞的同時，也會殃及正常細胞和免疫系統，十分傷身，而且也難保不會復發，所以留院三天做局部切除手術後，我沒有接受電療和化療，就着手籌備女兒的生日會及預備過農曆新年。往後只是定期每半年接受檢查，維持健康生活。

得知確診乳癌，我的第一個反應和普通人一樣是：「Why me?」我平常有勤力做運動，吃得健康，生活規律，究竟我做錯了什麼？為何偏偏選中我？那時我的心情很差，沒有公開患有乳癌的消息，是不想跟親朋戚友逐一解釋。我想要逃避，和一般人一樣，盡量不想人家知道，我需要隱藏自己去消化整件事。當時只有我丈夫以及幾位好友知情，一對女兒全然不知。

身為母親，無論我多痛多悲，總不能令一對寶貝擔心。在女兒前，我強迫自己收起眼淚，不想有絲毫負面情緒影響女兒，在她們面前，我如常當一個Happy mom。對人歡笑，背人垂淚，其實這種情緒管理的模式，不是得知患癌後才開始，是從小已開始！

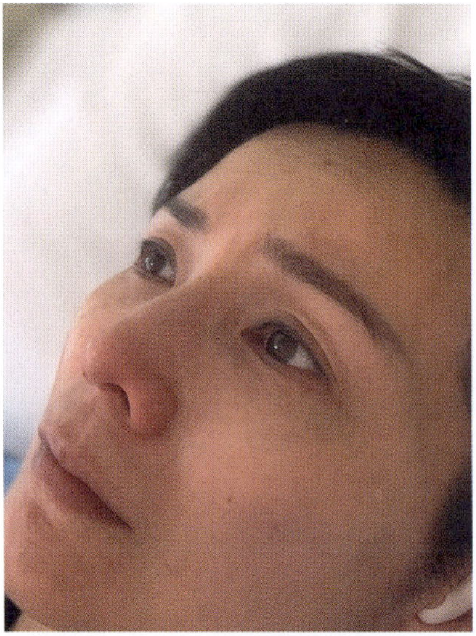

記得廿多年前去批命，相士說我有很大機會患有女性危疾，我還急急去買一份女性危疾保險。是注定也好，是碰巧也好，我知道這個病，就是情緒所致。我確診前一直不快樂，那時婚姻等種種問題，令我透不過氣來，但又沒有勇氣去走出困局，感覺就如黑洞中，任我怎

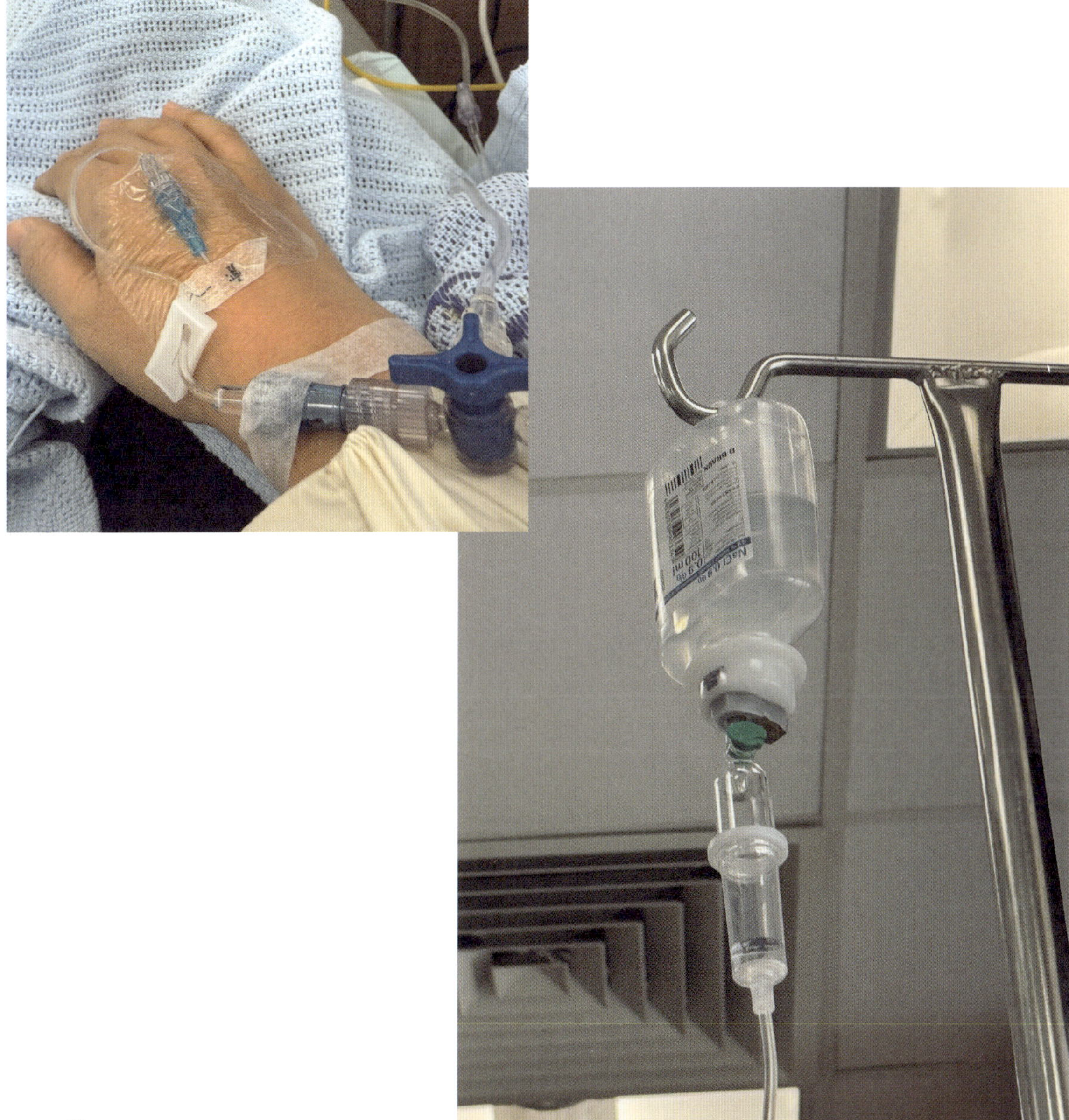
B BRAUN
NaCl 0.9%
0.9%
100ml

樣吶喊、伸手，總是看不到曙光，鬱鬱寡歡，常常驀然流淚。當時我已深知自己情緒壓力太大，長此下去只會影響健康。

我不確定那時是否有了抑鬱症，我只知多不快也好，也要竭力強裝堅強，如多強迫自己做運動或旅行，來排解情緒；面對女兒時要扮作輕鬆，因為我想給她們快樂，這個家是快樂和溫暖的。多大的問題，我都要努力扛下。

其實，即使做了局部切除手術，即使我竭力令生活變得健康，我一直隱隱覺得總有一天會復發，這個病不會放過我，它是由失落、無力、無助等負面情緒造成的。

二零二二年，那粒切出來的癌

細胞大約是二點五厘米；二零二四年四月，發現左胸又長了一個大約五、六厘米的癌細胞。對，如我所料，乳癌真的回來找我，是第三期，癌細胞開始擴散至淋巴。直至二零二五年三月，癌細胞已擴散至尾龍骨，進入第四期。

雖然一直有避無可避、會隨時復發的心理準備，但當得知癌症已惡化至第三期那刻，心情像是從高空被狠狠地摔至谷底。但我始終沒有怨天怨地，逐漸學習接受和面對。踏入第三期，部分癌細胞擴至淋巴，除了開始接受化療，我更遍尋及參考不同的輔助治療，並研讀不同治療的個案。我也終於公開病況，告訴大家：我患有乳癌。

公開的原因，是覺得避無可避。接受化療後會甩頭髮，我不想到時受多多揣測，因此選擇站出來一次過公開病況，令親朋好友釋疑，讓我能專心打好這場仗。

公開病情、透過社交平台把病況「透明化」的另一原因，是我真心想告訴所有同路人、患有癌症或其他惡疾的一群：你們並不孤單，你們的痛和悲，我十分清楚。同時我也盼望通過分享癌症病人食療和其他輔助治療，讓同路人有更多資訊參考。而意外收穫是，我得到很多相識與不相識的人的支持和祝福，這份愛與關懷，是我始料不及的！

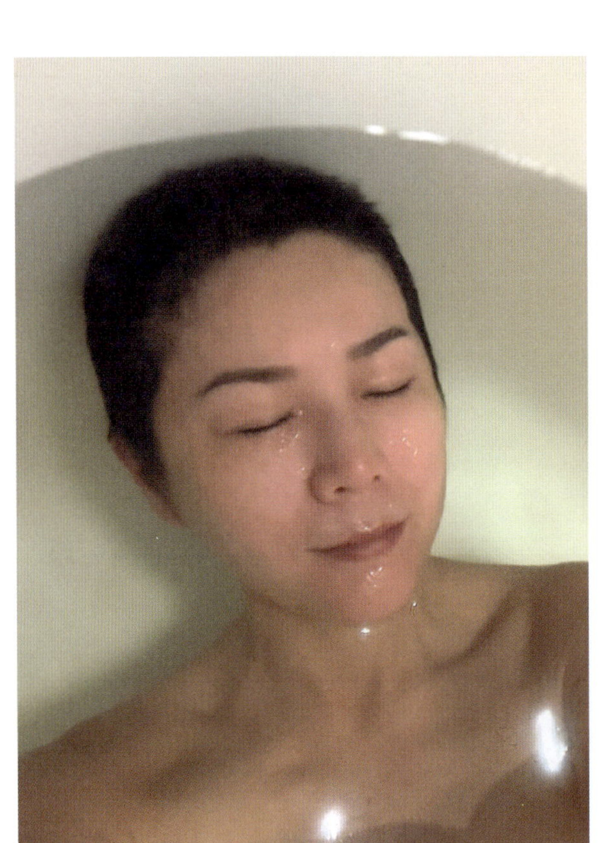

我是四仔女星

自從公開病情後，來自朋友及親人的慰問排山倒海而來，我也收到各種輔助治療的資訊。經過深入研讀各種治療的可行性，我選擇停止比較傷身的化療和免疫治療，到泰國做「細胞治療」。當時我也會擔心這療法是否有成效，但同時我又會覺得化療也不會確保百分百痊癒，且不會翻發，所以就放手一試，給自己多點選擇。接受細胞治療後，我曾一度好轉，生活也回復如常。

直到二零二五年二月，我發現胸腔腫脹，呼吸開始困難，原來是有心積水和肺積水。我入醫院住了十六天，三日內在心膜抽了一公升心水，同時也發現原來癌細胞已擴散到尾龍骨，需要立刻做

電療以防癌細胞再擴大，壓住神經，到時可能會雙腳癱瘓或大小便失禁，而出院當日我也開始了化療。沒想到，我「升呢」做了「四仔」，成為乳癌第四期的病人。

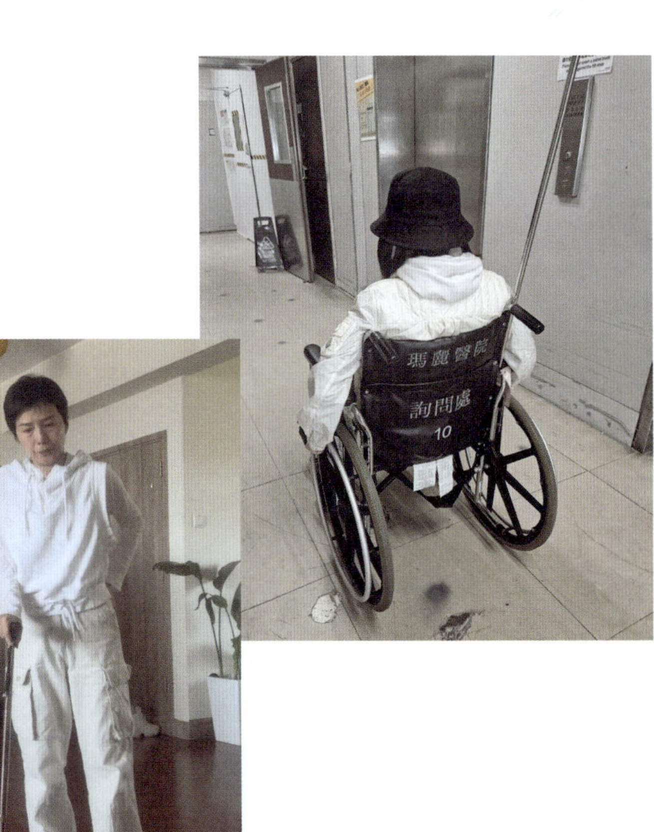

多元輔助治療

今次緊急入院，令我體會到癌細胞實在太狡猾，變化多端，而且各人的癌細胞也不同，這個治療用在你身上可以令你痊癒，卻未必可以在我身上發揮作用。現在我正接受化療，但一直擔心化療的副作用會傷害我的免疫系統，令身體變得虛弱，所以我決定以「大包圍」形式作為抗癌戰略，單一治療可能不夠對付它！作為四仔的我，也不放過任何可以醫治的方法！

大家都知化療是傷身的，為了令自己更有氣有力，精神奕奕去對付癌細胞和化療藥的副作用，我同時用很多輔助的治療去提升自己的身心健康和精氣神。身體方面，我每晚睡覺時會吸着高劑

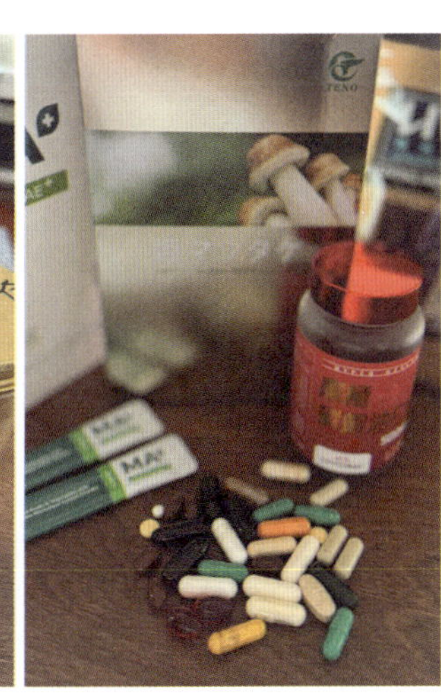

量6800ml/min的氫氣機，至少吸八小時去除身體的惡性游離基，每星期也會在近腫瘤的皮下脂肪注射一至三次高劑量維他命C，這兩個方法對抗炎和抗氧化有很大作用。同時，我每天服用大量補充品，如姬松茸、益生菌、蛋白粉、薑黃粉、憂盾葉粉、亞麻籽油等等，同時用中藥野生桑黃粉焗水飲。最近我還嘗試進行「幹細胞免疫代謝療法」，稱可以選擇性餓死癌細胞和切斷癌症幹細胞！

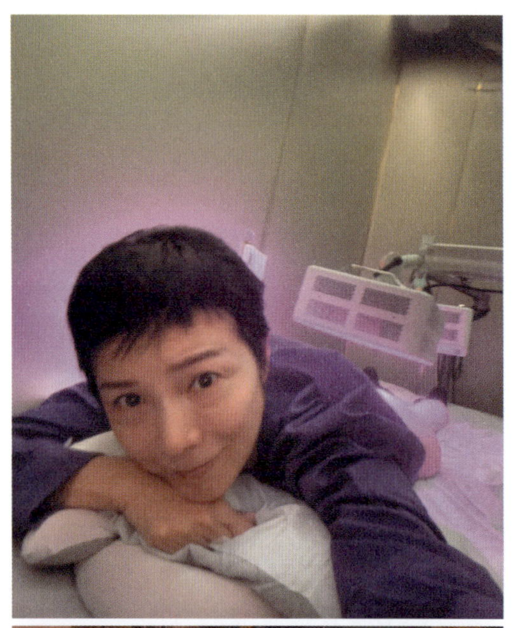

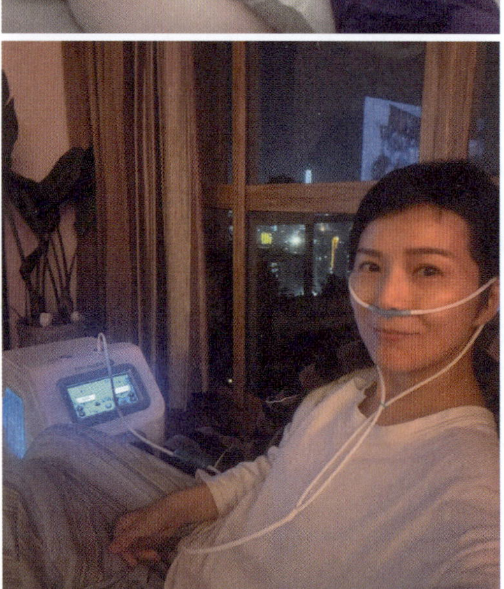

心靈方面的治療也非常重要啊！我每天早上和睡覺前也有懺悔和祈禱，好讓心靈得到健康、平靜和快樂！至於精氣神方面，也開始用從前學的念力醫學「太極五行功」和最近學的一套心法，用「光和念力」去自我療癒！

另外我每天戴着朋友介紹的量子晶片和另外一位朋友送的廿斯，清除負能量和令細胞自我修復！又用一部PEMF（磁療機）和量子光機做治療，可以減少痛症和修復受損的細胞。有太陽的時候，我就出去走走，赤腳接地氣和拉筋。持之以恆地進行全方位身心靈的輔助療法，即使現階段我正接受化療，但氣色、精神和體力也不錯，皮膚比以前竟然更緊緻白嫩呢！

上場打仗，我的武器是源源不絕的。同時，意志、耐性、信心及正能量，缺一

不可。人生中我遇到的不如意已夠多，淚也流了不少，但這場病關乎我的命，沒有命，不活到最後一口氣，我哪有重生的機會？婚姻、家庭、事業、經濟等縱使有多不濟，要推倒再來重新洗牌，需要的是：我要活着！沒有活着，哪有重生？

我告訴自己，可以哭可以流淚，但要快快站起來，把眼淚抹乾，昂然面對這場病，拚盡所能及力氣，跟它狠狠地打一場仗。我不理會過程有多痛苦有多漫長，我已咬着牙關，踏遍人生的苦路，這場病怎可輕易擊倒我？我就是倔強，我就是要活下去，我還要比以前活得更加好，更精彩！

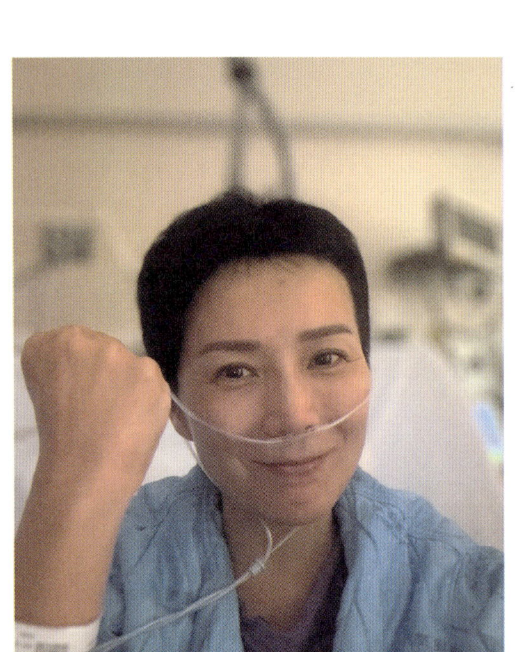

其實癌症是一種慢性病，除了有遺傳

基因影響外，就可能是你長時間對自己的身體或心靈不好，所以身體對你作出一些控訴！我相信細胞是有意識的，所以我們或可轉換另外一個心態，不要常想着自己會被癌細胞打敗，而是想着和癌細胞和解，就是與癌共存，控制着癌細胞使它不再活躍，自己的免疫細胞夠強，保持身體健康，心靈愉快。相信過往也有很多與癌共存的病例，病人確診後與癌一起生活多年呢！

癌症病人在治療中出現各種痛楚、副作用及困難，絕對需要抱着無比的信心、堅忍的意志、耐心的等待，以及無限的正能量去樂觀面對。眼淚無用，我會選擇帥氣地笑着，不要當自己是病人，積極面對，每過一關，都要好好的感謝自己，替自己打氣。

抗癌，除了要保持正念及樂觀外，還要主動找方法吸取正能量，讓自己也可進行心靈治療，建構心靈寄託。我知道很多病人的心情和身體都差得不想出門，情願困在家中。其實每天出外走走曬曬太陽，吸

收維他命D和陽氣，吸納這個宇宙的正能量；在和暖的陽光和新鮮的空氣下進行深層呼吸法，赤腳在草地上或沙灘上走走接地氣，去除體內的負能量，會對心靈有很大益處。就算筋骨很痛，也要拉拉筋，不要一直倚賴着止痛藥和輪椅。每天睡前睡後，跟自己來一場私人對話，冥想或祈禱，好好感受自己的「內在小孩」，感受自己體內的每個細胞。懷着愛與感恩的心，不要懷疑，相信自己，一切會向好的！

結語：

這場癌症雖然可怕，但感恩上天給我這個考驗和機會，原來我的毅力和意志，比我想像中更堅韌、更強大。與癌共舞，我不要被癌魔控制，不要被癌魔判定我生命的結局。反而我要好好感謝它，給我反思和重生，給我開拓生命的新里程。

HAPPY
BDAY TO

抱着「信念」和「愛」，
絕對可以令你絕處逢生！

第二章 家人

二零二零年二月
新冠肺炎時期，攝於塘福泳灘

人生像一本書，
你是作者，用勇氣和愛寫下每一頁精彩。

「父親突然離世，給我另一種試煉。
感受到生命無常，學會珍惜當下每一份愛。」

父愛堅盾，溫暖依託

童年的溫度和色彩，如撒下不同的種子，影響一生。所有的痛，所有的記憶，不會因為時間久了，過去了，就能完全被治癒，被遺忘；也不是愈長大，就會愈堅強，不受傷害。回想小時候的自己，聆聽心中的小孩，正視那些年的傷口，好好的跟那個自己說再見，才可在順流逆流中，有能力活出更好的自己。

吳文忻的童年不算很快樂，雖然衣食無憂，入讀名校，物質不缺，但卻缺乏了父母的陪伴。何謂愛，何謂家庭，她在成長過程中，找不到圓滿及踏實的答案與模楷，不懂愛為何物的她，在感情及婚姻中碰得焦頭爛額，上了幾許痛苦的課，去學習怎麼愛。

吳文忻遺憾和吳爸爸相處相伴的日子很少，有溫度的童年記憶寥寥可數，更婉惜的是，彼此來不及好好說再見。二零二四年十一月吳爸爸遽然溘逝，雖然告別前，他最放不下是患癌的吳文忻，惟慶幸豐盛斑斕的人生下半場，是兩父女一起畫出彩虹。

渴望愛的童年

建立家庭，生兒育女，是想補遺人生拼圖中的那幾塊缺角。我渴望一家人在同一屋簷下，整整齊齊過着充滿愛、關懷和溫暖的生活。

我有一兄一妹，但我們一家五口，基本上沒有一起生活過，以關係疏離來形容，算是貼切。因為爸爸做生意，媽媽要陪着他工作，所以小時我和哥哥被安排由嫲嫲全天候照顧起居飲食，長居在嫲嫲家和叔叔姑姐一起生活，只有假期或間中吃晚飯時才可見到父母。

現在很多父母會跟子女抱抱錫錫，聲聲説愛，但那時在嫲嫲家生活的日子，卻很少有機會和父母互動。加上叔叔們是傳統嚴厲的長輩，在小時最需要親密接觸及呵護的階段，我得到的是一板一眼的刻板管

教。童年時不知道什麼叫做孤單，只知道悶着時看電視，或對着鏡子自言自語。由於我的性格比較硬頸，所以常被叔叔們呵責懲罰。也是因為這種性格，就算我哭，也絕不想給人家看到，習慣躲在廁所裏默默地哭。即使我在學校跌倒，撞至鼻子起節，我也是一聲不響，自己跑至學校的角落飲泣，返家時更是悶聲不響，大被蓋頭窩在被窩中哭，沒有跟大人說過半句，過了一段時間，大人們發現我有鼻節，才知道我曾經跌倒。

小時候的我算是挺乖巧，但也做過頑皮出格的事。小一時成績不大好，在小二那年成績才大有進步，年年都是考得三甲之內。為什麼我的成績會突飛猛進？原因是我被發現偷錢。當年仍是「小學雞」的我，看見同學仔有零用錢買零食汽水，好不羡慕。見嫲嫲天天拿着硬幣「數大餅」，於是我「膽生毛」，挺而走險去偷錢，偷偷地把硬幣塞在校裙內，未幾當然人贓並獲。爸爸知道後，沒有打我罵我，反而跟我「談判」，說如果默書一百分就獲獎勵一元。就是這個原因，我用心讀書，這成為我這名「小學雞」的致富之道。

有一段日子，爸爸幾乎天天來嫲嫲家吃晚飯，每次我知道爸爸會來，一定自動自覺把所有功課做得妥妥當當。把功課給他看，就是想看到他那個滿意的微笑，還有聽到他對我的讚賞，雖然來來去去都是：「做得不錯！」「那麼快把功課做好，真乖！」

簡單的讚美及肯定，已令那時小

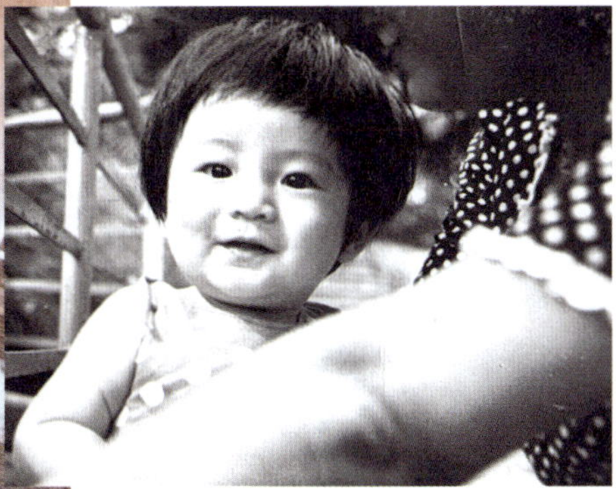

小年紀的我樂上半天，比起得到玩具或糖果更要快樂。因為在那個生活環境，我缺乏的是父母源源不絕的愛、關懷和陪伴。

我小時候和父母的互動較少，有溫度的記憶總是很零碎片面。我只記得那時留了鬍子的爸爸，抱着我時用下巴以鬚磨頸、搔搔肢窩逗我笑。

爸爸在我小學三、四年級時已移民到美國當「太空人」，但也會常常致電噓寒問暖。我讀中學時，才開始和媽媽、哥哥及妹妹一起住。雖然我終於和媽媽共住，但當時我已是踏入青春期的少女，只想有自己的空間和朋友，而自從爸爸當了「太空人」後，媽媽開始沉迷打麻將，一打就打了那麼多年了！

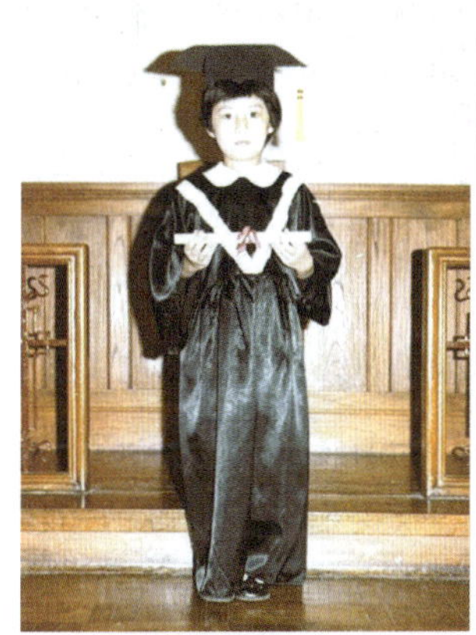

爸爸和我的二三事

我讀中四時，移民終於獲批，全家移居到美國新澤西洲，和爸爸同住。這也意味着直至我十六歲，才開始正式和爸爸共同生活，父女天天在同一空間下相處共對。惟相處的日子只有短短半年，因那時十六歲的我做插班生，難以適應全新的環境，在學校也不能融入當地同學的小圈子，這使我十分掛念香港的同學。最後我先斬後奏，自作主張申請入讀寄宿學校，因為寄宿學校有比較多海外留學生，我認為會比較容易與他們融洽相處！

我申請入讀寄宿學校，爸爸非常反對，可能是因為他多年來努力奮鬥，就是希望一家團聚。可惜我最需要他陪伴的時間已過了，當時的我只想獨立生活。我多番哀求他，不惜下跪，他見我如此堅持，就說除非我考到當地的常春藤學校，否則就要繼續留在新澤西讀國立大學。為了脫離家人，我當然一口答應。

我與爸爸的關係一向不俗，唯一一次父女間爆發激烈衝突，就是我趁着mid-term break時，想和同學們到紐約唱K，但爸爸堅持不讓我在外過夜，只是來回兩小時的車程也堅持要親自接我回家，就算多晚都要來接我走。雙方爭持不下，平時甚少發脾氣的我大發雷霆，更是哭到全身抽搐，長年抑壓的不滿、寂寞等複雜情緒一下子爆發出來，我寫了封信給他：「我一直都沒有學壞，多年來你都沒有管我，為什麼現在才來管我？我小時候需要你管我時，你在哪裏？」

雖然我和爸爸沒有很多親密的互動及相處時間，但我從不覺得他不愛我，有兩件事令我至今難忘。他的好，他的支持，他的愛，我一世也忘不了。

其實如果不是要移民，我打算入讀香港演藝學院，因為我自小已知道自己喜歡表演創作，但從沒有跟父母提及過。然而，在美國大學畢業後，我已立心離開美國，打算返港加入娛樂圈一圓歌手夢。爸爸曾問我畢業後想做什麼，我沒有告訴他，只是一直敷衍，因為不想他說我發明星夢。返港那天，爸爸駕車送我往機場途中，說了這番話：「無論你返港後做什麼也好，你不用擔心，你不用養家，放手去做你喜歡的、有意義的事就可以了。」這一番說話，使我感動得哭起來，當然習慣使然，我沒有讓他看到我哭。他那句「做你喜歡的、有意義的事」，除了令我更堅定入行的決心外，更影響了我的價值觀。可是入行後，發現是非黑白顛倒，原來入了娛樂圈，並非只做喜歡的事就可以。

第二件令我感動的事，是我首次置業時爸爸對我的支持。當時我的收入不錯，同時預備了一筆「後備金」，即使我失業幾年，這筆「後備金」也足以應付供樓。但做娛樂圈這一行，收入不穩定，始終都會有壓力。爸爸見我能成功置業，替我高興之餘，更說要全力提供金錢支援。我婉拒他的好意，但單是他這番話，對我已是很大的支持。

爸爸早年接拍美劇《Expats》，飾演女星Nicole Kidman（妮歌．潔

曼）的老爺，不少人盛讚爸爸英俊及演技好，更說得一口流利的英語。自小我已覺得爸爸是帥哥，他年輕時拍過廣告，直到早年他從美國回流返港，仍常常有星探主動邀約。當他接到這部美劇的試鏡邀請時，他曾一度拒絕，覺得自己做不到，當時我不斷鼓勵他：「You never try, you never know.」這是我常常跟女兒說的話，沒想過竟然能套用在爸爸身上。

在準備試鏡的過程中，我一直陪着他，包括對稿、讀稿及錄影試鏡片等，在云云試鏡演員中也包括其他香港藝人，最後爸爸成功過關獲選，並在疫情期間飛往美國荷里活拍攝。當地的製作人很喜歡他，更有經理人公司羅致他加入演員公會。本來他在當地會有很多演出機會，但他說子女們全在香港，情願留港教畫畫、拍廣告，沒想過在美國建立演藝事業，展開第二人生。

其實爸爸回流後不大習慣，畢竟他在美國生活了很多年，回到香港定居後反而覺得沒有寄託。於是我鼓勵他去學水墨畫，因為他很有藝術天分，怎料他由學畫畫的學生，慢慢成為教畫畫的導師。爸爸晚年的生活精彩豐盛，而生病的我，成為了他離世前唯一的牽掛。

爸爸最後的眼神

我是報喜不報憂的那類人，得了癌症後不論多辛苦，我也不會在父母前抱怨半句，總是表現出一副沒事人的樣子。在爸爸猝逝前的一星期，他來我家吃飯，大家閒話家常，我沒有跟他提及治療進度。他離開前，向我投以一個非常擔憂的眼神，我明白那刻他在想什麼，我匆匆跟他說：「我OK啊！你看我現在多精神！」我的說話根本撫平不了他的憂慮，但他也知道我的性格，所以沒有說些什麼就告辭了。事後我從親人們口中知道，爸爸非常擔心我，但不敢面對面開口跟我說。

那一頓晚飯，那個擔憂的眼神，然後，已經沒有然後，這是我和爸爸之間最後的一頓晚餐及對話。一個星期後，他突然去逝，去了快樂的天國。

那天我原本去上太極五行功的課堂，駕車途中突然收到經理人的電話，說爸爸授課時突然暈倒要緊急送院，由於學校知道我是他的女兒，即透過Instagram找我的聯絡方法，因而聯絡上我的經理人。我收到電話後立即飛車趕往醫院，當時爸爸已在急症室搶救中。

當我到達醫院時，爸爸已經走了。沒有留下一句話，我也見不到他的最後一面，連跟他說話的機會也沒有。陪爸爸入院的學生們，說爸爸在上課期間說很累，伸了一個懶腰後，未幾即暈倒在地上。

在抗癌的艱難時刻，這噩耗像雷霆般狠狠地把我擊碎，爸爸猝然離世，留下的悲痛像海浪般全然吞沒我的心。爸爸猝死，沒有預警，沒

有告別，我接到電話時，手機從手中滑落，世界彷彿靜止，只剩下心跳的聲音，像在敲一扇永遠不會開的門。

淚如雨下，如湧泉般流過不停，我抬頭看着天說：「天啊！我的人生還不夠戲劇性嗎？我的婚姻、健康和金錢全沒了，你還要在我與癌症搏鬥時，拿走了我至愛的爸爸嗎？」

爸爸突然離世，給我另一種試煉。我知道，路，仍然要繼續走，即使他未能陪我同行。透過冥想和深層呼吸法，我在一星期內收拾無比的悲痛和婉惜，因為我知道，如果我的情緒再這樣低落下去，只會讓癌細胞趁機加速生長。在我為生命而戰時，爸爸的離世，則讓我更深刻地感受到生命的無常，讓我面對無法控制的失去，但也讓我學會珍惜當下的每一份愛。

失去爸爸後的多少個晚上，看着女兒熟睡的臉龐，我的淚水無聲滑落，我害怕自己也會像爸爸一樣，來不及跟女兒説再見。這份悲痛，也與我婚姻中的孤獨感交織在一起。那個瞬間，我明白了生命的無常，上天要你走，其實只消一秒，你就可以離開這個世界，爸爸不會感覺到那份痛，最心痛的只有愛他的人！

現在我得了這個病三年，還未離開，更令我愈戰愈勇，有所啟發：一定是上天給我一個機會去經歷，去體會，去感受，去學習，去改變，去重生！所以，我應要好好感謝這個病，心存感恩；我要好好把握這個機會，不再原地踏步，勇敢地走出原本的困局，重拾初心，去展開第二人生！

爸爸雖離開了我，但我對生命的熱情未改，而他給我的愛是永遠帶不走的。就是這份愛，讓我更懂得珍惜與女兒相處時的一刻。婚姻的結束，讓我學會放下與感恩；癌症的挑戰，讓我看見自己內心的強大力量；爸爸的突然離去，則讓我體會生命的無常。我感恩父親給我的愛，還有那些默默的鼓勵。我忘不了他以粗糙的掌心握着我的手，這一切都是我抗癌路上的支撐。我也感恩這份悲痛，讓我更明白生命的可貴！

爸爸，我永遠愛着你，終有一天，我們會在天國重聚！

結語：

很多父母以為把心神時間全花在工作上，在事業上拚搏賺錢，就可為子女提供優厚的成長環境，打造康莊大道，明日有更好的前途。然而，父母卻忽略了這一點：子女們真的需要你為他鋪這條你自以為的康莊大道嗎？這條路真的是子女們想行的嗎？

其實子女小時候最需要的，就是父母無比的愛、陪伴與關懷，這由愛而生的力量，才是子女日後面對任何困難時的基礎，也是最堅強的後盾！

愛是生命最強大的盔甲，
無論風雨多大，願你都能找到前行的光芒。

第三章 事業

二零二三年十一月
攝於深圳福田

期望過高是所有痛苦的根源，有些事，選擇放下，
不是為了原諒別人，而是為了放過自己！

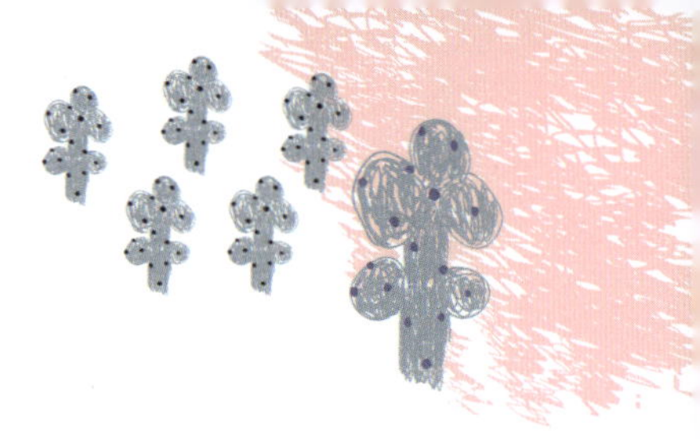

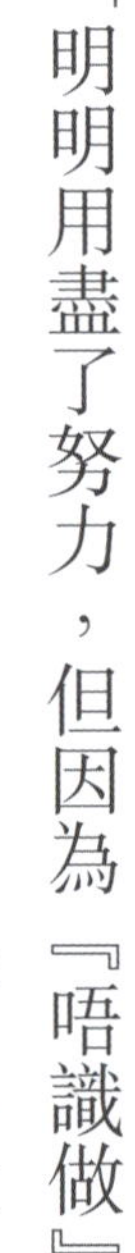

「明明用盡了努力，但因為『唔識做』，所以全是我的錯？」

娛樂浮世，迷途自尋

人啊人，終其一生，追求的怎止健康和快樂？名利和權勢，不多不少像是成功的印證。踏入五光十色的娛樂圈，名利物慾橫流下，要保持純粹的自我，還有那顆初心，不易。同枱吃飯，各自修行，有的靠非凡運氣及實力致如日中天；有的是不惜一切作某程度的犧牲，寧走一步到位的捷徑，以求早日名利雙收。

狠不下心，放不下尊嚴，吳文忻知道，她的堅持不屈，令她走了很多崎嶇不平的路。面對誘惑，曾經心動，尤其看到其他人獲特別厚待，機會唾手可得，而自己還是浮浮沉沉時。

誘惑，是一種選擇，也是考驗，吳文忻曾掙扎過埋怨過，也曾自我質疑，如果願意「識做」一點，路或會走得更順。也是誘惑的試煉，令她更釐清自己要相信什麼，應該要做什麼。

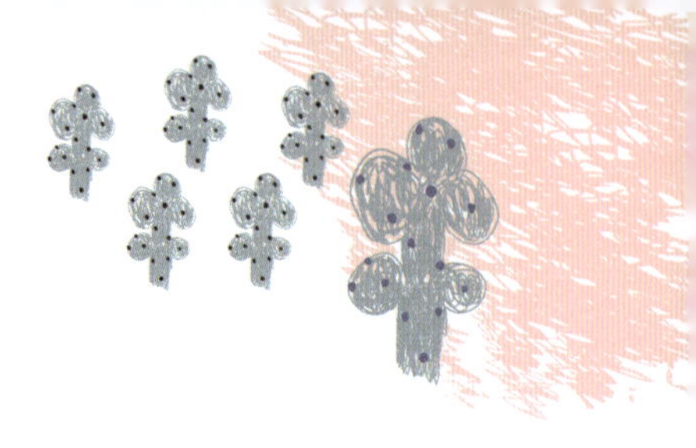

我和 Mr. Big 的飯局

那股冷空氣，「咔」一聲關門的聲音，還有那道門關上後像跟世界隔絕的無助、無奈、無力的感覺，我一生一世，都不會忘記。因那一天，我要獨自面對一位大人物：「Mr. Big」。

一九九八年，成為香港小姐季軍的我，由一個平平無奇的中環OL，成為全港市民及傳媒都關注的香港小姐。興奮、新鮮、刺激、好奇等詞語，不足以形容當時那份如劉姥姥遊大觀園大開眼界的感覺。

選美，令我急速成長，增進見聞，眼界大開，昔日的生活及社交圈子，一下子有天翻地覆的改變，同時我暗暗啟動了自我保護的模式，因為我總相信，在任何環境，無論是在職場上或人際關係上，某些自我價值，是需要保留的。人家或許會笑我傻，不懂把握機遇，但如果這些機遇令我不快樂，不心安，我還需要它們嗎？

Mr. Big地位舉足輕重，他的名號如何響噹噹，真的不用花筆墨描寫。初識Mr. Big，感覺他和藹可親，談笑風生間一點架子也沒有。他的記性很好，每次見面，總會主動提起上一次我跟他說過的瑣碎小事，而他總會有說不完的話題。

不知道是因為面對大人物有壓力，還是我天生的直覺，在之後的見面中，總會覺得他的說話有弦外之音，輕輕撩動，像是試探，又像是沒什麼。作為後輩，也作為娛樂圈的新鮮人，我只可表現應有的謙恭和有禮。

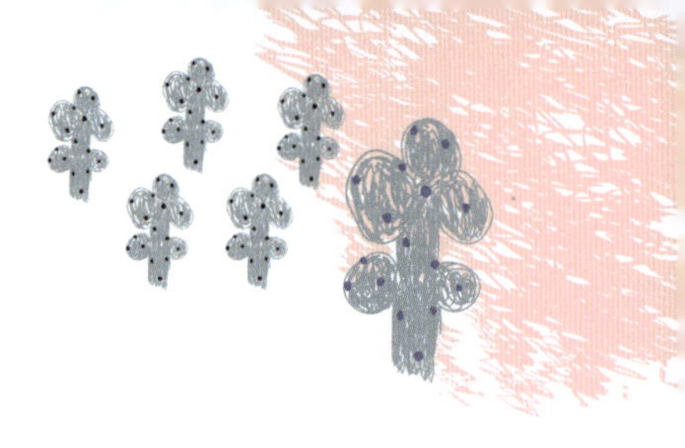

有一天早上，Mr. Big來電。

睡眼惺忪的我，突如其來接到Mr. Big的電話，徹徹底底被嚇醒，湧現十萬個How、What、When、Why……為何他有我的電話號碼？我何時何地給他電話號碼？他打來的目的是什麼？我應該要說什麼？

Mr. Big聽着我竭力保持鎮定的聲音，只是溫柔地說聲早晨，然後單刀直入：「你今天有空嗎？我想請你吃飯。」

男士邀請吃飯的對白聽過不少，算Mr. Big這句令我最驚心動魄。那刻的我心跳加速，絕對不是因心儀的男士主動邀約，而是自我保護的按鈕被觸碰了，始終關於他的風流事，我略有所聞。

那一刻，不知哪來的勇氣，我深呼吸後輕聲反問：「謝謝你的邀請……不如叫XXX一起來，好嗎？」語音剛落，Mr. Big言簡意駭地回應：「不用了，XXX很忙，我只想和你吃飯。」交待了見面的地點及時間後便掛線。

還拿着電話的我，腦海一片空白。很亂很怕，真的害怕，單人匹馬見Mr. Big，我從未試過。我不知道如何是好，很想拒絕，但又不容拒絕，因怕得失大人物。只得安慰自己別胡思亂想，就當跟一個前輩吃飯吧。

我方寸大亂，完全不能想像、也難以規劃赴約時應該要做什麼說什麼。我不擔心失儀失禮，卻對未知感到恐懼。我立刻告訴當時的男友，他說既然難以推卻，倒不如勇敢面對：「他應該不會弄出什麼事情來吧！」

那天，我手心冒汗，踉踉蹌蹌地按時到達Mr. Big的辦公室，內心誠惶誠恐。秘書帶我去一間大房，房內黑漆漆的，刺眼的是電視機投

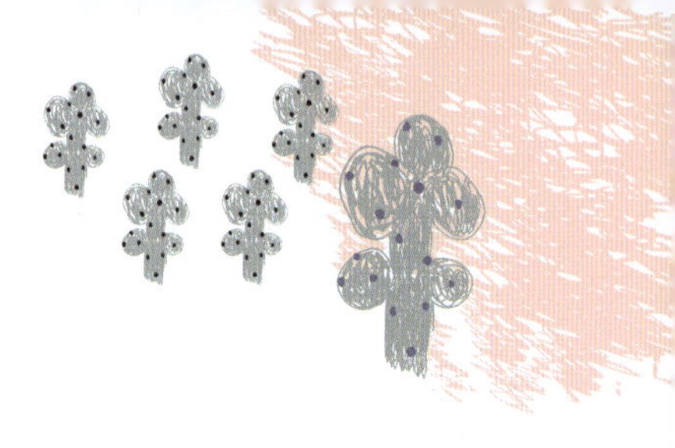

射的光影，秘書說：「吳小姐，你入去吧！」隨之展現一個令我難忘的笑容——不懷好意的「陰陰笑」，我不禁盤算這個笑容背後有何意思。

「咔」的一聲，房門關上，門外門內是兩個世界，辦公室內與世隔絕。「你終於來了，坐吧。」Mr. Big溫柔的聲音，當然未能撫平緊張、惶恐、不安的我。

Mr. Big坐在沙發上，我坐在他旁邊的小沙發椅上，他看了看我，沒有再說什麼。未幾他開始說近來看過什麼電影和劇集，不消一會，他突然站起來，走到我跟前說：「企起身，錫我。」

「企起身，錫我。」Mr. Big十分清淅地說出這五個字，然後嘟着嘴，等待我的「回應」。

究竟我聽了什麼？究竟我看見了什麼？究竟我經歷了什麼？

十分震驚的我，竭力保持鎮定，但難免口齒不清：「你……你先坐下吧！」無論我怎借詞推搪，Mr. Big聞風不動，並重覆要求：「錫我一啖。」

怎！麼！辦！

「Mr. Big，我一向非常尊敬你，我是細路女『咩都唔識』，我真的什麼都不懂。」我慌張着急地說這句說話，他聽了後淡淡然說：「你是我的朋友。」

「不是！不是！你是我尊敬的長輩，真的，我很尊敬你，真的。」

我急得面紅耳赤，全身發燙，重複又重複地說。

Mr. Big沒有強行硬來，只是坐下來繼續說話，像什麼也沒有發生般。之後的對話十分漫長，內容十分關鍵。

這個漫長對話中，我感受到的，其中之一是Mr. Big的孤獨與寂寞，他想找一個知音、一個聆聽者。他說了很多很多，內容動聽吸引，包括在大時代下驚濤駭浪的經歷，又或有趣的八卦風月。

說着說着，Mr. Big雲淡風輕地提及跟某些女星的風流往事，彷彿在告訴我：「在這個圈，人人都是這樣的，很正常，如果你想做一線女主角，就是依照這個規則。」

從應約的一刻開始，對於還是白紙一張的我來說，根本預計不到會發生什麼，也沒可能預備如何應對。回想當時，我一切的反應，都是最直接的本能反應。

所以我當時回應Mr. Big時，來來去去說得最多的都是：「我會慢慢努力的，我還是『細路女』什麼都不懂，需要努力學習。」「你是我的長輩，我一直尊敬你。」「謝謝，謝謝你的教導。」一味重複，極力保持鎮定和有禮。

故事未完，飯局還未開始，下一站，是要去Mr. Big的家。

離開辦公室後，Mr. Big說去他家，家傭已準備晚飯了，還說要坐我的車去。他一聲不響，逕自坐在我身旁的副駕位置，然後看着我。他不扣上安全帶，我又不想靠過去幫他，因為完全不想與他有任何身體接觸，生怕引起他的誤會。正在我無奈之際，幸好陪他下樓的秘書還未離開，幫他扣上安全帶。

去Mr. Big家的路上，我跟自己說要冷靜，又和自己打氣：「剛才和他談天的氣氛雖有點尷尬，但總算過了一關。Nat，你一定pass

的！」直至踏入Mr. Big的家，我才稍為鬆一口氣，因他家中有很多家傭。而我和Mr. Big就在廚房中吃晚餐，幾位家傭忙着張羅，端茶端飯。

和Mr. Big吃飯的時候，我的電話不斷響，可能是知道我赴會的男友及一名友人見我沒有「報平安」，所以不斷發訊息來。那一晚吃了什麼，我已不記得了，只記得Mr. Big盡主人之誼，我們談談笑笑，氣氛尚算不錯。

我告辭時，Mr. Big突然往我手心塞了一張小紙條，他輕聲說：「這是我家的電話號碼，你如果有任何需要，可以隨時找我。」這張小紙條的重要性及含意，我哪會不知道。

飯局後不久，Mr. Big再致電我，他說要多謝我，要送禮物給我。送禮原因，是出席活動時多得我在旁照顧。其實那天我被安排坐在他身旁，只是用膳時幫忙把甜點端給他而已。

在電話中Mr. Big多次說要送禮，我也多次推卻：「謝謝你，不用送禮了，真的很小事。」「你是我的長輩，是應該尊敬的。」就是這樣，最後Mr. Big沒有送我任何禮物，也沒有再聯絡我。

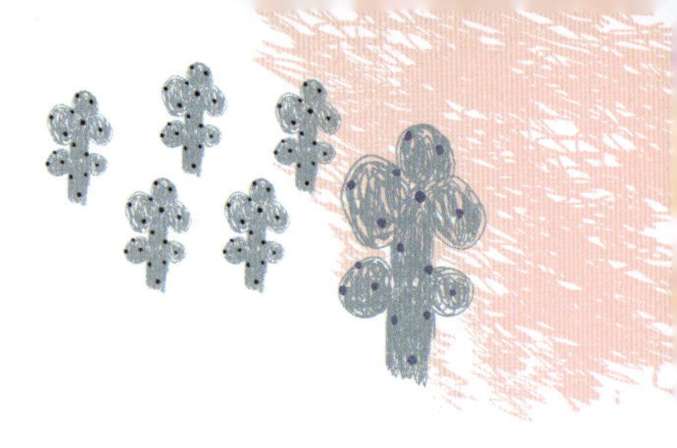

性騷擾

我的演藝路，坦白說，真的不易。那時的我，一心以為保持謙虛有禮，努力工作，熱誠投入，自然會有人賞識，給我機會。結果，事與願違。

有些女生備受寵愛，演出機會特別多，並享有特別待遇。頂着港姐季軍光環的我，外間以為我機會多多，事實上我沒有被特別委以重任，做得最多的工作，就是出演綜藝節目。我性格大膽不計較，上天下海如「笨豬跳」那類危險玩意，我照單全收，「飛紙仔」臨場背稿也難不倒我，所以雖然那時演出機會不多，但在旅遊節目中卻有很多出鏡的機會。

當年還年輕，無論我如何努力，總會遇上一樁又一樁不公平的事，令我開始變得憤世嫉俗。種種不平之事，最令我氣憤、難過、心痛

的，是性騷擾，旁人卻只會認為是我的錯。

有次到內地拍攝旅遊特輯，贊助節目的旅行社經理也有隨行，他常常自誇自己外貌像張國榮，對我大獻殷勤，每次說話也靠得很近。我只可盡量保持有禮的態度，同時也提高警覺，但怎會想到後來遇上荒謬的事情！

第一晚收工後，我和一位同行的女藝員到酒店樓下的按摩店「鬆一鬆」，由於舟車勞頓，加上技師姐姐手法溫柔，我們兩個女生很快就睡着了。半夢半醒，我突然感覺有人站在我身旁，伏着睡的我抬頭看了看，竟然見到那位旅行社經理正站在我身旁！

當時我和那位女藝員只是穿了內褲，披着毛巾！我看見那位男經理，怒從心上起，一邊扯着毛巾蔽體，一邊連珠炮發地狂罵：「你在這裏幹什麼？你立刻離開！有冇搞錯？你這樣做是性騷擾！」我真的很氣很氣，氣得已不知說了什麼，但對方竟施施然地「解釋」，說是導演叫他來找我們去卡啦OK！

聽罷我即場拒絕，叫他立即離開！我們兩個女生幾乎衣不蔽體，你堂堂大男人竟然一聲不響竄入來，一點尊重也沒有，還好意思叫我們去唱K？

我離開按摩店，直接返回酒店房間，怎料荒謬的事情還未完結！回到房間後，我立刻洗澡敷面膜，想快快睡覺，準備翌日開工。當我敷面膜時，有人急促大力地敲門，原來是副導演。

副導演單刀直入，催促我快快換衫，跟他去卡啦OK，目的是「打招呼」，現場有很多「老闆」正在等。我真的不明白，我是來工作，哪裏跑來的「老闆」？根本是應酬，帶着港姐或明星去，吃吃喝喝自然就免費吧！我多番推卻，堅持不去。我的堅持，換來翌日開工時飽受黑面和冷言冷語，還遭受「特別對待」。

拍攝泡溫泉鏡頭時，過程令我感到難堪和不自在，覺得被整蠱。當時穿了三點式泳衣的我，本來以毛巾圍着上半身，把泳衣肩帶拉下並藏在毛巾中，但現場有人卻稱浸溫泉不能包着毛巾。我沒有毛巾包裏，攝影師不是高角度從胸部上方拍攝，就是專拍腰等較「有肉地」的位置，感覺就和拍「小電影」沒分別。

當日拍攝完畢，有人一聲令下，說全體要去卡啦OK！去到現場，我才知是有「小姐」在場的那種娛樂場所，而我和其他男女藝人全晚要乖乖地坐着，跟老闆們聊天、簽名合照、陪唱歌飲酒。

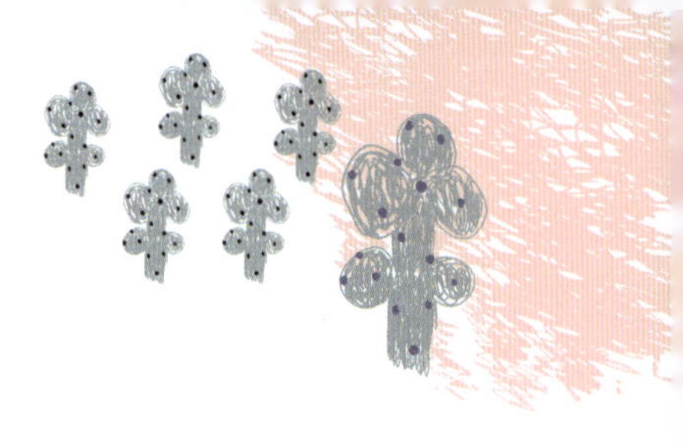

拒絕陪『老細』，被斥：唔識做！

我不是賣弄清高，如果是工餘時間全體幕前幕後開開心心地消遣，完全沒有問題；我最討厭的，是要我們跟「老闆」們陪玩陪坐，我真的不想被誤會成有「副業」。雖則經歷連番離譜之事，但我也想息事寧人，不打算向監製或高層投訴，但荒謬的是，我竟然成為被投訴的一個！

返港後，我收到高層「照肺」通知，說收到很多關於我的投訴，如拍溫泉鏡頭時不肯穿泳衣、不肯和老闆打招呼，擅自改稿等等。聽到連串無理的指控，我連聲否認，委屈得不禁當場哭了起來，我更反問：「這樣跟做『小姐』有何分別？」

我的硬性子就是這樣，你愈迫我，我就愈反抗。如何解釋也好，我的委屈完全不被理解，更換來連番批評，指我很麻煩、太有個人堅持、不給人家面子「唔識做」！天啊！明明我是受害者，為什麼變成全是我的錯？

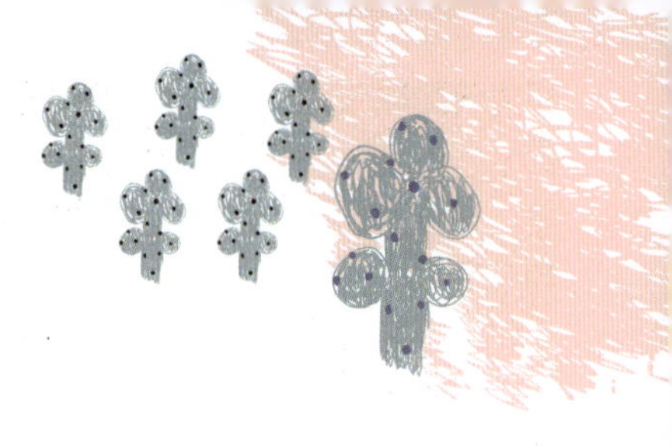

真的要找Mr. Big嗎？

演藝路了無起色，浮浮沉沉，長年飽受委屈及侮辱，令我開始覺得，如果我當初沒有拒絕Mr. Big，或者就不用飽受不公及無理。

曾幾何時，我常常拿着Mr. Big親手寫下電話號碼的那張小紙條，不斷反問自己：「這通電話，打？不打？」「究竟我是否要找Mr. Big？」「如果打了這通電話，很多事就會改寫了！不用再看面色，路一定易走很多！」「如果打了這通電話，你安樂嗎？」「你真的需要靠這通電話嗎？」「你為什麼有這個念頭？傻的嗎？」

那時入行不到兩年，已幾乎天天「無心睡眠　腦交戰」，每當湧現以上的思想掙扎，我就會很討厭自己，很憎恨自己。

那時真的無助無援。我曾經有和幾位不同的朋友傾訴過，換來的意見卻是我太蠢了，不懂得好好珍惜機會，「你入行前不是已經作好準備嗎？你入行不是為了要紅嗎？這就是要紅的代價，食得鹹魚抵得渴！」天啊！我真的沒有作準備，而Mr. Big一事也給我知道，原來去到那關鍵的一刻，我真的接受不了！我以為很理直氣壯地跟那幾位朋友分享這件事，會換來讚美，怎知，他們一致認為是我愚蠢到不得了。他們那些話像毒刺，讓我心寒。這種顛倒是非黑白的邏輯，因拒絕不道德交易以致日後星途崎嶇，都令我憤世嫉俗了很多年！

出賣行蹤

我亦很少跟圈內人來往，因為真的分不清是他們人還是鬼，往往你信任的，可能就是出賣你的那一位，你甚至會無端端成為被利用的對象。

當年我和老公拍拖，因想保護他，從來未有公開戀情，也沒有和圈中人透露。有一次收工，我仍留在現場，某人問了一句：「你等男友來接你？」我自然反應下回了一句：「是！等他來接我。」

自當晚開始，我開始被狗仔隊貼身追蹤了多天，拍到我和老公在南丫島拍拖，記者把老公的背景調查一番，還給了他「南丫島王子」的封號。雖然戀情曝光，說不上什麼驚天大事，在大家眼中只是八卦新聞。但在我來說，想不到自己這點私隱，竟成為人家放料討好媒體的材料，令我更怕和圈中人深入交往。誰人待我好待我差，搞不清楚，也不想深究。

慘被剝光全裸

回想廿多年前的娛樂圈，藝人賺錢的機會很多，尤其在報章雜誌的曝光率高，自然就會有很多品牌活動、商場騷、登台等找上門，這也是我賺最多錢的時候。我深知花無百日紅，因此大小活動也會接下來，努力地做。

女藝人為爭取曝光率，最直接的方式是賣弄性感，「拋胸晒腿」。我不擅長搞是非八卦，但為迎合媒體需要，接受訪問時被要求穿得清涼一點，我也會盡量合理地配合，極其量都是小背心或tube top，走健康性感那種，絕不會誇張賣弄。直至有一次，我竟然「全裸」示人！

二零零一年我接受雜誌《壹本便利》訪問並拍攝封面照，拍照時我穿了tube top及短褲。雜誌刊出後，始發現照片中的我竟然「被剝光豬」！在電腦加工下，我身上的衣物全部被褪走，我的胸前位置加了色框並寫了「改革號」。

雜誌方為了宣傳及銷量，沒有知會我就把我的照片加工至與全裸無異，當時親朋戚友都以為我如此開放，也有些工作是原本洽談好，但對方見到這張相，也立時說要刹停。當年我氣得立刻向雜誌方發出律師信，雖然律師朋友說於事無補，不要浪費金錢，但我出這封信的目的，是維護我的名聲及尊嚴。

我不是飯局女星

很多人都說，每位女星都有一個「價」，挾着港姐名銜，「身價」特別高。問價、富豪飯局，的確存在。

曾經有人找我出埠，誠意邀請我去汶萊幾天「旅遊」，出價一百萬；也有人約我去遊船河，邀請出席飯局的電話，更是接到手軟，很多人打來說：「出來跟某某吃吃飯見面認識吧，有利是的！」

每次我只會婉言拒絕：「有緣就會認識了，有緣自然會成為朋友，約我吃飯，是不用花錢的。」我絕對不想被歸類為「某類人」，所以一次飯局也不想去。唯獨有一次……

當年我哥哥有一名女性朋友，我去夜蒲時常常會碰到她。有次她說約我去吃晚飯，我想也不想就答允了。最初以為是和她吃飯，怎料當晚上了她的車後，她始說要帶我去朋友家吃飯。坐在車中的我滿頭問號，追問她所指的朋友是誰，但她沒有直接回應。未幾她帶我到達一間豪宅，此時我已心知不妙。她先斬後奏，我很不滿，但又不想跟她直接當場反面如此「肉酸」。無奈之下，我唯有硬着頭皮，跟她步入這間豪宅。現場所見，有幾位城中出名的富豪，以及一些明星名人列席。

雖然當晚氣氛不錯，各人談談笑笑，而我只保持禮貌，展現官方式的微笑。我真的不想久留，坐多一分鐘也不自在，說我硬性子也沒所謂，因我不想被誤會是「飯局女星」。所以趁飯菜還未端來，飯局未正式開始，我就推說公司打電話來催我開工，要立刻告辭。其中一位富豪聞言，很有風度地提出：「我認識你公司某某某，我打電話給他說說就可以，你可以繼續吃飯。」我唯有天花亂墜地胡說一通，說自己仍是「small potato」小人物，不想告假不開工。對方也沒有勉強，相信他也明白到我話中的含意，所以我就這樣離開飯局了。

即使我竭力地謹慎出席社交應酬活動，免得被誤會是「飯局女星」，但有些事情，好像逃也逃不掉。自從開始自由身的日子，我一直想找一個可靠的經理人幫助我，當時有一個相識多年的朋友，說成功引薦一名舉足輕重的老闆和我見面。有熟人介紹，我當然放心，可笑的是，見面時這位老闆非常直接及「出手快」，一邊向我分析說明經理人的重要性，一邊用手掃我的背。

不適合加入娛樂圈的人
加入了娛樂圈

雖然我當時沒有經理人，但後來卻十分幸運地有接拍電影的機會。我和馮德倫及鍾麗緹合拍電影《偷吻》，也是十分有趣的機緣。那時某報章的風月版記者不斷邀約訪問，我都拒絕。直至他提供以前寫過的文章給我參考，保證內容正面，我才答應。人生首個在風月版出現的訪問，的確相片及內容是健康正面。這篇訪問碰巧給導演文雋看到，他因而想起我，邀請我拍這部電影。之後我陸續拍了數部電影，如和黎明、張栢芝等合演《情謎大話王》等，惟電影市道不佳，演出機會愈來愈少。

曾經有人問我會否後悔，如果「襟捞」一點的話，人生就會改寫。我承認曾經出現所謂後悔的念頭，就是如果回到當時，我願意打一通電話給Mr. Big的話，可能很多事已經會改寫，甚至我會想：「都係錫一啖啫！又或者讓對方過過手足之癮而已，隻眼開隻眼閉，整個人生就會不同了！」我不是清高之人，失意時，總會出現奇奇怪怪的想法。但是，我也清楚知道，選擇走捷徑的話，要承受的代價往往更不能想像。

回首，我沒有做過什麼轟轟烈烈的事，但有幾件事是想做，而我真的做到。一是入娛樂圈，二是建立家庭生兒育女。其實選港姐不是我的心願，我的初心是想入行當歌手，我很愛唱歌，可惜我畢業返港後，新秀歌唱大賽就沒有了，我純粹是為了入行，才選擇參加港姐。我甚至先斬後奏，完全沒有跟父母商量，直至見報他們才發現。

雖然我是港姐出身，但一直沒有參加慧妍雅集。我承認我的性格很矛盾，知道這一行要交際，但我又怕是是非非。我的能力適合這行的工作，我不會阻人收工，導演要求的，我很快會做到。但是論個性，我太率直、不愛埋堆應酬，是不適合做娛樂圈的。

當年以港姐身分出席的活動及舞會派對，多不勝數，所見的都全是城中猛人、集團老闆或高層，每次收到名片，我總會擱在一旁，看也不看，從不會上心，不會像其他人般很有心機地收集名片。我的想法很簡單，一心是想唱歌演戲，我不是公關。

就是有這樣的心態，加上性格太直，見到有不恰當的地方，我會據理力爭，所以我成為人家眼中不乖巧不聽話的一群。當時都有朋友勸

告我，但我那時認為沒有問題，反而因自己敢言敢行而自豪，甚至覺得自己很有型！忠於自己有何問題？

現在回想，當然覺得自己很無知「低B」！其實待人接物上，可以有更好的處理，犯不着以強硬態度應對，造成僵局。例如拍旅遊節目時要我去卡啦OK那次，我當時只覺得「你愈迫我，我愈不會妥協」，其實我大可以去打一聲招呼後託辭離開。

離開電視台後，我有一段日子是自由身，沒有背景，沒有加入經理人公司，自己一腳踢接洽工作，在狹縫中浮游生存，成為「紙上明星」。

整容，痛不欲生

在我的演藝路上，我知道其中一個標籤是「整容」。小時候，一次意外跌倒，鼻樑撞傷留下鼻節，凸出的痕迹像一個揮不去的陰影。但長大後，聽到玄學家說「鼻節對婚姻不利」，這句話對一心想建立幸福家庭的我來說像一根刺，深深扎進心裏。我開始對着鏡子端詳自己的臉，害怕這小小的缺陷會阻礙我的幸福。於是，在迷信的驅使下，我磨平鼻節，希望借此為未來建立幸福家庭鋪平道路。當時我接受了某美容公司的整容代言人工作，以及同一集團的經理人合約，我的原意只是磨平鼻節，後來被公司游說接受抽脂，以令身形更好，還有打botox那類，但我絕對沒有添加任何外物在身上，也沒有隆胸。

女星公開整容，以當時的社會風氣及娛樂圈來說相當前衛，是哄動全城及引起極大迴響的話題，但這段成為全城焦點的日子，也是令我感到最大壓力的日子。

當初本來說整容手術在香港進行，但後來要改在韓國做。我不想去韓國，曾推卻多次，但經理人公司多番軟硬兼施地游說，最後更出動「紅牌」，就是如果我拒絕，會被雪藏坐冷板櫈直至完約。我可以怎樣？

然而，娛樂圈的現實遠比我想的殘酷。經理人為了宣傳，將我手術後血淋淋的照片公諸於世，甚至連我未康復、面容腫脹的照片也要展示。那一刻，我感到無比赤裸，像被扔到聚光燈下，無處藏身。那些嘩眾取寵的宣傳手法，像刀子般割開我的心，閒言閒語如潮水湧來，讓我透不過氣，讓我無助無力。甚至有一刻，輕生的念頭如黑影閃過。那一刻，我問自己：這就是我追逐的夢想嗎？

不變的初心

今日的我，得了這場大病後，回望十多年的娛樂圈日子，想到當時的不由自主、舉步維艱，反而有另一番體會。在娛樂圈裏，總會面對誘惑，當時我很迷失，因周遭有不同的聲音而感困擾，自我懷疑，還害怕未來，意志不夠堅定。所以那時人生浮浮沉沉，像窄縫中生存，總是沒有一個明顯清晰的前進方向，一直被烏雲籠罩，很迷失。我明白凡事都要有底線，但當年的我始終還年輕，未有足夠的智慧去應付種種困境，不知道其實可以處理得更圓滑更恰當的。所以當時的我感到無奈矛盾，覺得全世界黑白顛倒，因而變得憤世嫉俗，也是可以理解的。

而那些舊日的傷痕，不是詛咒，而是成長的印記。鎂光燈下的壓力，教我如何在黑暗中守住底線；閒言的潮水，教我如何傾聽內心的聲音；整容的創傷，教我真正的美麗不在外貌，而是一顆一直沒有被污染的初心。這些試煉，造就今日的我，懂的愛與感恩。

我感恩乳癌這個病，令我重新解讀及體會當日的我，更有機會重新把握自己的人生。想也沒想過，竟然是乳癌這個病，令我有機會重拾當年的夢想，可以為自己出歌。這條路雖然是崎嶇而漫長，但只要懷着勇氣和堅持，懷着愛與感恩，不變的初心總會帶你走到光明的一天。

結語：

無論你的夢想路途有多崎嶇，有多漫長，有多不公平，有多麼的懷疑自己，只要你一直抱着堅持的信念，勇敢地行下去，毋忘初心，總有一天，你會願望成真！

Be yourself, but be your best self.

做自己，做你最好的自己。

接受現在、

放下過去、自信未來！

第四章
婚姻
二零一八年十月
攝於布吉

用自己的方式去愛對方，
這是真正的愛嗎？

「看着他的背影，聽着他的鼻鼾聲，
伴隨着的是我無數次無聲的哭泣，
感到無比的孤獨和無助。」

愛殞重生，離別抉擇

我們都在等待那個對的人，每次跌碰來回地獄又折返人間，往往會發現那個對的人渺茫難尋，即使遇到，又會覺得原來他沒有想像中的美好，不是當初所想的。

婚姻如盲盒，讓你歡喜讓你驚喜，或會讓你悲傷陷入萬劫不復。婚姻，從來不是譜寫幸福篇章的保證，將錯就錯，或許是維繫婚姻的學問。人生伴侶，是伴你看遍天地繁花與風霜，讓你願意一錯再錯的人。

愛，是會呼吸，有生命力的。愛上一個人，不單是去愛去了解，諒解及包容對方的優點和缺點，更是學習愛自己，對自己慈悲，這份愛才有安全感。

一場大病，令吳文忻驚覺，逾十多年的婚姻一直牢牢地牽着她走，誰愛誰多少，誰為誰神傷，消耗得筋疲力盡，以淚洗面，最終纏得連呼吸都有罪，為了這段婚姻，賠上了健康。

只有眼淚才最真，那些所謂愛和承諾、有沒有對的人已不重要，結婚是為了幸福，離婚也是。吳文忻斷捨離愛情裏的紛紛擾擾，善待自己，縱然滿身傷痕仍努力往前迎接美好的風景，為重生毅然提出離婚。

我遇到兩個極品渣男

和丈夫認識，是在美國讀大學時期。當時我和他及幾個同學合租單位，大家只是室友關係，直至畢業返港及選港姐後，二零零零年才正式拍拖。我們的愛情，像一齣充滿起伏的舞台劇，也像一首悠長的歌，有甜蜜的合奏，也有爭執的插曲。分分合合，我們拍了七年拖便告分手。感情沒有空窗期，分手後的三年間我拍了數次拖，更遇到顛覆我三觀的渣男，同時我驚覺丈夫一直存在在重要的位置。

渣男A，令我陷入人生前所未有的恐懼。渣男A的酗酒問題在拍拖不久後已出現，令我感到厭煩。有一晚他和朋友喝酒後來我家，我和他沒有言語衝突，但他再次酒後失控，胡言亂語兼大發脾氣，一度很大力地拍打我的手臂，還把我手裏的電話搶了過去。雖然他只是拍了我一下，不是拳打腳踢般施暴，但面對如野獸般的咆哮失控，平時不會牢記朋友電話號碼的我，那刻只是想起前男友（即後來的丈夫）的號碼。我趁渣男A有時醉醺醺、安靜下來時，即偷偷地用他的電話打給丈夫，可惜他沒有接電話。當時我害怕得立刻用我長期開着的電腦，透過MSN向一位在線上的女性朋友發出求救訊息：「Help! I got hit!」（救命！我被襲擊！）渣男A看到我用MSN，即衝上前把整部電腦狠狠地摔在地上。看着電腦被摔得如此破爛，我目瞪口呆了！心裏更是惶恐萬分，害怕他會有進一步的暴行。

趁着渣男A迷迷糊糊地坐在一角，我立即衝出家門，但分秒間已被他捉個正着，在電梯大堂扯着我的頭髮及手腳，強力拖行我返回屋

內。從來沒有喊過「救命」的我，高聲大叫救命。可惜，當時是深夜，沒有人聽到！我被拖回入屋後，生怕任何說話舉止都會觸動他的情緒，所以我默不作聲，看着他一時瘋狂咆哮，一時醉醺醺的靜止狀態，我只可「敵不動，我不動」！

未幾收到我求救訊息的女性朋友，打了很多次電話給我，我沒有接聽，於是她不斷以MSN發訊息，但我也不回。她害怕我真的有危險，即找來她的男性朋友作伴一起趕來。幸好這位女性朋友之前來過我家，知道地址，他們和管理員一起登門，門鐘一響，我立即衝去開門。渣男A當時已開始有點酒醒，見到我的朋友和管理員來，他便立刻離去，而我和渣男A的戀人關係也到此為止。我沒有絲毫留戀，因為施暴這回事，有第一次，自然有下一次，我不想活在暴力中。

渣男，是一不離二的。另一位登場的渣男B，我只和他拍了半年拖，令我大開眼界的，是分手後渣男B的所作所為。分手後我已向他取回我的車匙及屋企門匙，怎料他趁着我去外地滑雪時，駕着我的跑車去接載女生約會，還要被我的朋友碰到。返港後，我發現跑車真的被使用過，因為油表顯示完全沒油，我從來都不會把油用到最盡，而車內更有一張二百元的入油發票。那人精於計算，用多少油就入多少油，一滴也不剩。

我大發雷霆，向渣男B質問究竟，但對方不斷否認，直至我嚷着說要報警，他才承認偷偷配了我家的門匙，然後趁我去了滑雪旅行時，偷入了我家，取去車匙，再用我的跑車去與女生約會。後來我更發現，我家雜物房裏的一些高級音響器材，也被他偷走了。

處理爛人的方式，就是頭也不回，直接離開。告別渣男們後，我感不解的是自己何時養成吸引渣男的體質，為何我遇上一個又一個渣男？有次和好友去焗桑拿時的一席話，給我當頭棒喝。

好友語重心長地說：「第一，因為你單身，一個女生獨居，經濟獨立，最容易吸引那些渣男上門！第二，因為你根本不知道自己想要什麼！」她即場問了我一條問題，要我說出選男友的五個條件，不可以細想，要立即說，我答：「有feel、樣貌不錯、對我好、對我的家人和朋友好。」好友再叫我列出選老公的五個條件，我想也不想即說：「首先，一定要有膊頭，肯承擔家庭責任，之後就是選男朋友的頭四個條件。」好友聞言即說：「這就是你每次拍拖都結不成婚的原因！」

啊！那刻我才醒覺，每次我都是單憑感覺去開始一段關係，從來沒有靜心地考慮這個人是否適合結婚。

我主動要求結婚

經過桑拿室的一席話後，我再次想起丈夫。和他分手後的三年內，我總會有些時刻（尤其緊急時）想起他。好友的分析，令我更覺得和他情緣未了。他一直在我心間，而我要求的丈夫條件，他正正符合。心動不如行動，好友替我想盡各種方法，如安排飯局、打羽毛球等活動，設法讓我們復合。

那時我已三十七歲了，很想建立自己的家庭，很想做媽媽！拍拖拍得很累了，不想再尋尋覓覓，不想浪費時間重新去了解另一個人的背景、喜好、性格，循環不息。我很想和他復合，我更想結婚生子。當然我是真的深愛他，分手三年，最記掛的，仍是他。

雖然我和他拍拖多年，但是我很清楚當時雙方還有很多問題尚未解決，不是談婚論嫁的時候。但我一心愛他，認為只要有愛，所有問題

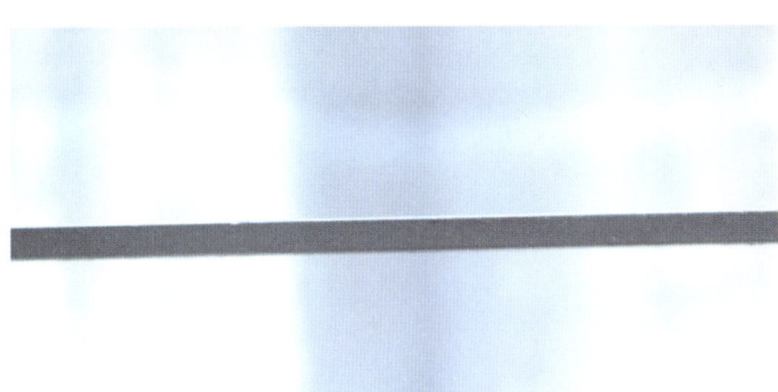

都可以日後慢慢處理，況且，女人生育有期限。我不想再原地踏步，於是復合半年後，我主動提出結婚。

丈夫在親朋好友心目中，是一名好好先生，但如前所説，我和他之間在性格、生活習慣、價值觀及家庭計劃等的種種鴻構，由拍拖、分

手、復合去到結婚，一直未有消除。其實，這段關係不存在單方面的錯，而是我們在溝通上出現很大問題。二人找不到共識，難以磨合，到最後，更是已去到拒絕溝通的地步。

感恩上天，給我一對可愛的女兒。那時三十九歲的我已是高齡產婦，最終成功透過人工受孕，先後迎來大女Scarlet及幼女Season。多了媽媽這個身分，我的心思及時間，幾乎全部轉移在女兒上，這對寶貝就是我的寄託。

我和丈夫的關係，沒有因為一對女兒而有太大改善，反而是累積的怨氣和負能量一浪接一浪，直到後期我的情緒更是壓抑至極，常不自覺流淚，無論是駕車或其他獨處時間，只要一靜下來，那股悶鬱及無助的情緒就自然湧上來，令我默默流淚。

我只是想有個快樂的家。為了打破我們溝通上的僵局，我努力尋求不同的解決方法，包括接受婚姻輔導、上一些人生課程、看心理醫生、找神父諮詢等等，但這段關係始終找不到出路。其實，人不會變，只有關係會變，只有雙方用心灌溉，感情才可走下去，單方面的付出修補不了什麼！

初入娛樂圈時，我曾找人看過八字，都說我很大機會離婚。而我小時候因意外碰撞致有鼻節，玄學家也說有鼻節的女生通常感情也不太順，亦因如此，我早年索性做手術，磨平鼻節。而我的名字「吳文忻」總筆劃代表大凶及孤寡，也代表有很大機會會離婚，雖然我知道改名是很老土的事情，但當時我抱着「算吧！做到就做！」這個心態，便把名字改為「吳忻熹」。所做的這一切都只是希望可以婚姻美滿。

第四章 婚姻

我決定離婚

有人說，女性疾病如乳癌或子宮頸癌，不多不少也跟一個「愛」字有關，常有生氣、壓抑、不安、傷心、絕望、憂鬱等情緒，久而久之容易招病。我清楚知道，我患有乳癌，是因為「屈到病」。長年以來這段好像只有「道理」而沒有「愛」的不健康婚姻關係，帶來的負面情緒累積如山，無處抒發，委屈、鬱結等情緒，像無形的養分，悄悄滋長了這個病來。

我一直以為，愛，可以解決所有問題。然而，這十四年的婚姻，讓我漸漸明白，愛並非萬能的靈丹。我和他最大的問題，是溝通不來。夫妻就如一面鏡，他指摘批評我的，往往就是我想跟他說的。隨着時間流逝，我漸漸感到，他的世界充滿了他個人的「道理」與「邏輯」，卻欠缺了讓我心動的溫暖。他的批判與教誨，他那滔滔不絕的人生道理，像一場無休止的講座，字字清晰，句句有條理，卻讓人心生疲憊。

每每跟他爭辯，換來都是沒完沒了的互相指摘和爭執。久而久之，我選擇沉默，因為一隻手掌是拍不響的。人前他有一個好好先生的形象，就只有我，可以讓他肆無忌憚地發泄，那就讓他發泄莫大的工作、生活壓力及情緒吧！他的「道理」，我沒有聽入耳，但那些挑釁，令人氣憤傷害的說話，我一一聽進耳內。我的負面情緒就像被一塊沉重得拿不起的石頭壓着，壓在內心最深處，令我喘不過氣來。

一次又一次啞忍，我把想說的話一字一字地硬生生吞下，這帶來無限的壓抑，周而復始，讓我愈來愈不快樂。不知有多少個晚上，我看着他的背影，聽着他的鼻鼾聲，伴隨着的是我無數次無聲的哭泣，感到無比的孤獨和無助。

二零二二年一月，我第一次知道自己患有乳癌，這事實像黑夜籠罩我的心。我開始明白，那些抑壓的情緒帶來了這個病。我曾以為愛可以填補孤獨，但事實並非如此——愛是需要雙方的共鳴。而我渴望的溫暖，無法從他的「道理」中找到。由於當時的腫瘤不是很大，屬於第一期，因此當時我很快就下了兩個決定，一是是做手術切除腫瘤，另一決定是，如果婚姻問題再加劇，離婚是讓我可以重生的唯一出路。

直至二零二三年，我們之間又出現問題。算了！我的心很累，很無力，甚至已去到一個幾乎窒息的程度。面對着他，感覺就連我呼吸也是罪！終於，我主動提出離婚。

作出離婚決定是痛苦的，而促使我踏出離婚這一步，是因為我連健康也賠上了！一段婚姻關係，怎可以只有道理而沒有愛？！提出離婚後，我給他寫了一封信，感覺終於把多年的不快及怨氣放下。斷捨夫婦關係，令我如釋重負。慶幸的是我們都是成熟優雅的成年人，不像那些互相廝殺，分手分得很醜陋，終成笑話的那些夫妻，反而像老朋友般為這段旅程畫下句號。現在我和他保持友好關係，甚至我覺得，我做他的朋友，比起做他的太太更好呢！

很多女人會為小朋友，不斷啞忍，堅持維繫一段不健康的關係，最終可能會屈出病來。其實夫妻二人已沒有愛，再怎樣扮演一個完整的家庭也無補於事。小朋友很心水清，父母恩愛與否，他們一一看在眼裏。而父母的關係同時直接影響他們日後對選擇另一半的看法，他們可能會覺得不恩愛的婚姻關係是正常的。我不想她們重演我的故事，我只想她們明白，去愛人，先要懂得好好愛自己。一段關係中，需要的不只是愛，更需要一份了解和尊重，不要把所有專注力集中在對方身上，不要為了愛一個人而忘記了自己的夢想和感受，否則最終傷害的都是自己！雖然爸爸媽媽決定離婚，但對女兒們的愛是永恆不變的！

婚姻的挑戰，是一種試煉——它讓我看見自己的脆弱，也讓我最後學會放下。雖然要放下多年來努力和他經營的這段關係並不容易，但我選擇感恩：感恩他曾與我攜手走過青春，感恩他作為父親給女兒的愛，感恩這段婚姻讓我成為Scarlet和Season的母親。一段從青春到告別的旅程，教會我愛的真諦與放手的智慧。

結語：

親愛的讀者，或許你也曾經歷愛的落差，或你正在面對人生的轉折。我想告訴你，放下不是失敗，而是給心騰出空間，讓新的光芒照進來。癌症教我珍惜每一刻，女兒教我愛的力量，婚姻教我放下和感恩。即使這段旅程沒有童話般的結局，它仍是生命中重要的一幕，讓我更懂得愛自己，也愛身邊的人。我希望用我的故事告訴你：無論你的路多曲折，愛是你最堅強的翅膀，它會帶你飛越任何風暴，迎向屬於你的星空。面對、放下、愛與感恩能讓你化危為轉機，找到屬於你的重生。

願你勇敢地去面對和放下，

願你用愛與感恩來重生！

我不單要活着，
還要比之前活得更好，活得更精彩！

第五章 投資

二零二四年五月

攝於意大利北部，知道癌症復發至第三期後，展開一個月的散心旅程

人們總是把幸福解讀為「有」，
有車、有房、有錢、有權，但幸福其實是「無」，
無憂、無慮、無病、無災。

「世上本來沒有路，路，是你行出來的，怎也不會有盡頭，肯大踏步向前走，就是了。」

財失勇行，笑對清零

「連連跨過挫折後驀然回首　可説一生的歷史怎會了無生趣」，這首鄭秀文（Sammi）的歌曲《我們都是這樣長大的》，是吳文忻現在最好的寫照。

吳文忻為未來的路未雨綢繆，花畢生積蓄作投資卻被騙財，一鋪清袋。取消買了多年的女性危疾保險，未幾卻確診患上乳癌。

金錢損失、婚姻不如意、抗病帶來的身心折磨，上天給她一重又一重的考驗，吳文忻堅持活好當下，只要一息尚存，從來沒有想過放棄生命，也無懼死亡。

都是一念之間。滿身傷痕的吳文忻不承認是失敗者，她深信一切都是經歷，無論際遇好壞，犯過多少錯誤，就是走過這些路，跟昔日的自己和解，今天才不會迷路，煉就令傷痕褪色、越過重重難關的最強武器。

體驗躺平

可能是在潮州人家庭長大的關係，自小我已養成慳儉的習慣，基本上我是有十元，會把至少七元省下來的那類人。應慳則慳，更會「量出為入」，就是做好人生計畫，不只着眼現在，更要放眼未來，規劃一些隨時甚至未來會需要的花費。我後期減少演藝工作，也沒有經濟壓力，就是因為我在最賺錢的時候不斷仍儲錢，並借各項投資來為財富增值。

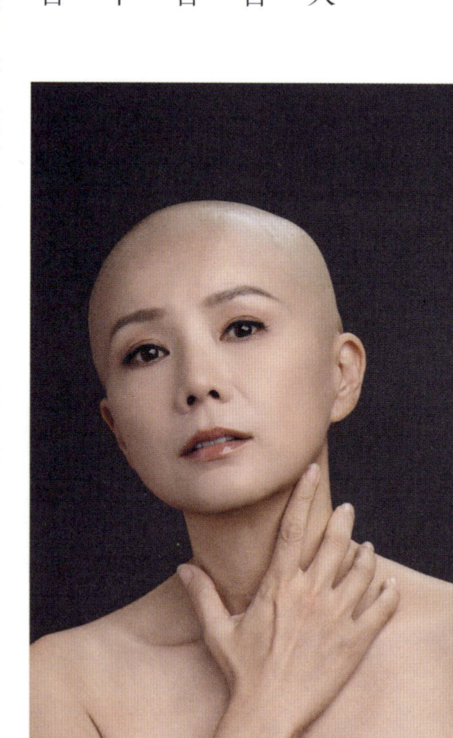

朋友們有時會以我的知慳識儉來作為笑話。我曾留院長達十六天，有天朋友買來一盒燒味飯給我，附送的那小杯薑油，我可以吃足幾

天，油不會變壞，所以不要浪費；又或保存吃剩的叉燒，翌日用來伴粥作早餐。要知道醫院的膳食是多難吃，我只是物盡其用而已。

以上不是最好笑，最好笑的是我慳足一世，最後一鋪清袋，大半生的積蓄全蒸發，損失七位數字。很多個一百萬，沒有了，我終於體驗「躺平」。

近幾年，健康出現問題，加上決定了離婚，所以我希望透過投資來增值財富。早已財務自由的我，本來積蓄也可應付未來，但我想日後的離婚生活更有保障，所以向來投資謹慎的我，近年竟然一反常態，夠膽用大筆積蓄去投資，而過程十分戲劇性，比電視劇更荒謬。

我投資了很多項目，不單失利，更是幾乎血本無歸。我曾投資

朋友公司，怎料對方原來負債累累，他暗暗地把我那筆為數不少的款項騙走，替自己還債。債臺高築下，他更燒炭自尋短見。獲救後，他說如果手頭鬆動，一定立刻歸還款項給我，但直到現在仍是一個「等」字，那筆錢如石沉大海。

另一個可笑的地方，是我在很多年前去算命，相士批我很大機會會患有女性疾病。那時我剛入娛樂圈不久，聽了師傅的說話後，我立刻去買關於女性健康的保險。這份保險供了很多年，直至早年我好像神推鬼擁般取消這份保險，結果一取消，我就發現患上乳癌。

我不怕死，也不會去死

活了大半生，想不到如此荒謬可笑的事情，會一件又一件發生在我身上，我不禁想：「連個天都想『隊死』我？』不用給我那麼多如此『惡頂』的考驗吧？」我一直都有乳癌復發的預感，因為心情實在太糟糕了，婚姻及投資全部失敗。我一直都知道為何會患有乳癌，心情是主因。

治療期間，經歷波濤駭浪，身心所受的痛苦難以筆墨形容。但我仍然要站起來，堅持遍尋方法擊退癌魔。即使問題再大，心情再差，我從來沒有想過輕生，沒有一了百了的念頭，為什麼要死？為什麼我要放棄？那怕給我一百個一萬個理由，我也不會尋死。

向來我不是「躺平」那類人，但當愛情及金錢都失去，健康也成問題時，原來真的可以「躺平」，即是讓自己好好的停下來，休息一下，重整人生。就像旅行搭火車，在未到達終點前，我只是暫時下車去另一個站，給自己看看另一道風景。

我不畏懼死亡，只怕半生半死，如做植物人。初知道有病的時候，的確對死亡有一絲恐懼，甚至覺得活得很累，因為健康、財富及婚姻等全部沒有轉機。最可怕的是，連自己也不相信自己，活了大半世，才驚覺之前所做的所有決定，如選擇伴侶、投資等等，全都是錯誤的！

向來，我很相信自己，也十分相信自己下的每一個決定，我面對任何問題都不會逃避，因為我覺得總有方法解決。可是命運告訴我：「對不起，吳文忻，錯了！你全錯了！」直接令我的所有勇氣及自信，全盤崩解！

滿身傷痕的我，去到現在，人生下半場，已不再相信自己，我還可

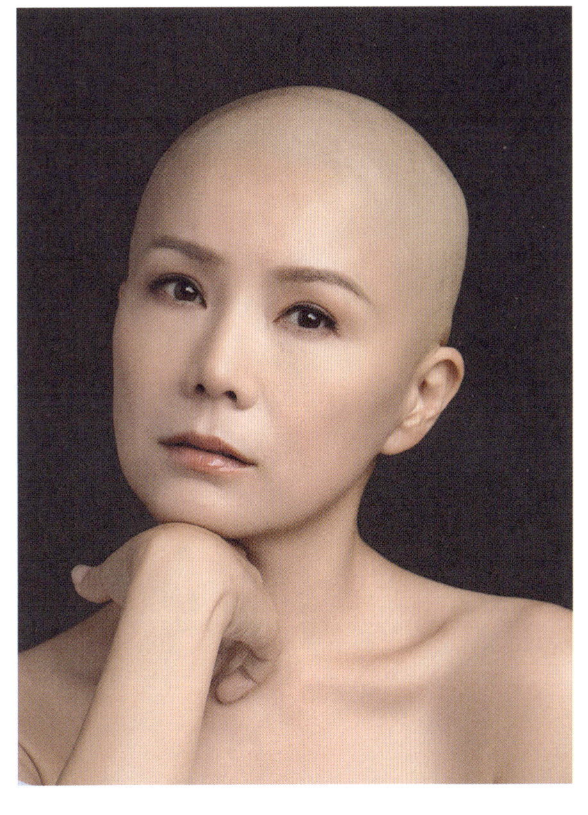

以怎樣走下去？我還可以相信自己嗎？以往的選擇都是錯的，我真的很害怕再作選擇，擔心會一錯再錯。那份無力感揮之不去，不相信自己的這份恐懼，更令我不知道如何活下去。每次想到這裏，總是不期然的默默流淚。迷失，真的很迷失。

不過，我還是天生有打不死的因子，經歷如此黑暗迷失的日子後，我反問自己：你還想活嗎？我想，我真的想，我要活下去！就是這樣，不安無力的感覺慢慢褪去，我盡量不往負面方向想。與其鑽進負面的死胡同，不如跟這個病共存，是我控制這個病，把握我的人生，而不是這個病主宰我的人生！

活好當下吧！抱着每一天都是生命最後一天的心態，往負面想是生命只剩一天，但往正面想卻是你還有一天。想做什麼、想見誰、想說什麼吃什麼，你還有這一天，趕緊快快辦妥，不用拖拖拉拉。活好當下，不要只是活在當下。我不喜歡醫生跟病人說剩下多少個月命，我不認為這是坦白，這樣說是等於直接向病人潑了一盤冷水，打擊病人心智，令他心灰意冷。

在我留院時，有些好朋友直接問我：「你想過你的喪禮是怎樣的嗎？」他們是一番好意，叮嚀我要做好安排，如寫下銀行戶口密碼等等。我心想，錢也沒有了，還需要安排嗎？哈哈！至於喪禮，我至今沒有仔細想過，既然我人都走了，又怎會在意喪禮怎樣辦呢？在意的是愛我的親朋戚友吧！如果真的要辦，那我希望那是一個充滿太陽花的香檳派對。看着太陽花，總覺得很開心，很有活力朝氣！

所有經歷，多痛多苦，今日的我，都覺得是上天給我的功課，是一門學習。也許我上一世未學懂，所以今世要歷煉。其中一課我終於學懂的，是要學習聆聽。以前我常被批評不聽取別人的意見，我行我素，把耳朵關起來，充耳不聞；現在我已學會先靜一靜，留心聆聽及反思別人的說話。

即使困難排山倒海而來，現在的我還有生命和女兒，這才是最寶貴的。我相信有呼吸就有希望，我還有很多夢想要實現。我告訴自己：「算吧！就由五十歲開始重生，一切重頭再來！」「喊都無謂，行動最實際」這句很中用，我已哭過崩潰過，時也命也，上天要我一鋪清袋，可能就是想刺激我做更多的事，用我的正能量，化作文字，化作音樂，重拾夢想，去感染更多人！

雖然現在的我正在進行化療，唱歌已不如前般那麼有中氣，我亦不敢自誇歌藝非凡，但我就是喜歡唱，所以仍然要唱下去。我最喜歡的歌手是鄭秀文（Sammi），當年見Sammi和許志安宣布復合，最終走在一起，作為超級粉絲的我，真的由衷地替她高興，當時覺得他們的戀愛路，像極我和丈夫般經歷離離合合。結婚時，我更特意選唱Sammi的《默契》；我主動要求和丈夫復合時，更唱《回來我身邊》給他來憑歌寄意。

雖然今日的我已決定離婚，邁向人生另一篇章，展開新生活，但我仍然感激Sammi的歌曲伴我走過大半生，見證及啟發我很多個人生重要時刻。如果要選一首Sammi的歌曲，代表我現在的寫照，《我們都是這樣長大的》是最貼切：「而患病這刻才發現極渺小　學會珍惜了」、「而患病這刻才發現極渺小　恨怨都不重要」、「連連跨過挫折後驀然回首　可說一生的歷史怎會了無生趣」。我的生命之旅，充滿苦與樂的眼淚，不枉過，沒有白過。

人大了　難得放肆地笑　才會懂煩惱盡量忘掉
而患病這刻　才發現極渺小
學會珍惜了……　恨怨都不重要……
塵世內誰無畏懼　誰無心碎　誰無唏噓
年年適應　年年老去　而智慧是沉澱精髓
連連跨過挫折後驀然回首
可說一生的歷史怎會了無生趣

《我們都是這樣長大的》——鄭秀文

結語：

當健康，婚姻和積蓄也沒有，去到如地獄般的絕望時，不妨抬頭，看看天，跟祂說：「我已不懂如何走下去了，我把生命交託給你。求你可以引領我嗎？」原來，天，真的不會絕人之路。那條路，還是很不錯的生路，真的，因為，我試過。

願你勇敢地去面對和放下，
願你用愛與感恩來重生！

第六章 孩子

二零一八年十二月
攝於泰國Khao Yai

你是生命的奇蹟，無論世界如何改變，
你的笑容永遠是我最大的力量。

「女兒吻吻我的光頭說給我『超級星星吻』：讓你閃閃發光！」

坦誠母愛，光頭媽媽

讓孩子歡喜，把悲傷留給自己，這是父母愛護孩子的做法。

吳文忻在一對可愛寶貝面前，從不把病況宣之於口，不想驚動她們的小小世界。直至乳癌復發，她知道終有一天會因化療反應而脱髮，所以鼓起勇氣坦告身患惡疾。寶貝們的反應，令吳文忻始料不及，給予她的愛和力量，是最暖心的良藥。

吳文忻感謝上天，讓她擁有一對可愛的女兒，她們是她的一切，也是她人生中最寶貴及珍愛的禮物。吳文忻很努力地當一個好媽媽，以愛為本，在女兒們的成長歲月中，給她們陪伴、聆聽、關懷、尊重，也會盡每一分力，給她們歡笑和快樂，助她們振翅高飛，培養自信自強自愛，做喜歡做的事，一生平安喜樂。

就是因為愛，在吳文忻確診乳癌時，她不敢告訴女兒。年紀小小，天真無邪，她們的世界就是如此純淨，怎忍心跟她們説媽媽是癌症病人？她們足夠成熟去理解嗎？她們會被嚇怕嗎？吳文忻不想驚動她們，不忍給她們帶來任何不安與惶恐。

癌症＝光頭？

二零二四年，當我發現自己乳癌復發，並已轉移到去淋巴，即是癌症的第三期，我就知道我不可以再逃避了！知道復發後，最難的就是向父母和兩個女兒坦白，因為我真的不想他們擔心！記得我花了很多個晚上，看着鏡子來排練，想着如何告訴兩個女兒。

女兒們常常都會來我房一起睡覺，所以我趁着一個星期六的晚上，鼓起了無比的勇氣，跟她們說：「Scarlet和Season，媽媽生病了！媽媽有cancer!」沒想到，Scarlet笑着並很雀躍地問我：「So are you going to be bald? Are you going to shave your hair?」（那你會禿頭嗎？你要剃掉頭髮嗎？）

天啊！我一直很困擾，不知道怎樣向她們啟齒說出自己有癌症，但原來在一個十歲的小朋友的世界中，癌症就等於光頭，而不是我們大人常常想到的死亡！當時七歲的Season，更一直在我的化妝鏡前練習唱歌跳舞，好像沒有把這件我一直覺得很沉重的事情聽進耳裏！看見她們的表現，我也變得輕鬆搞笑地跟Season說：「現在媽媽跟你說生cancer，你可以給我一點面子，認真點坐下來聽聽嗎？」然而Season只是看着鏡子，繼續唱歌跳舞。

就是這樣，我交待了我一直覺得難以啟齒、不知道怎樣開口說的事情！我和Scarlet了解，原來她們之前在Netflix看了一套喜劇《Alexa & Katie》，大致內容是Alexa和Katie是要好的朋友，Alexa患了癌症需要為化療而剃頭，Katie很有義氣，為陪伴Alexa而提出一起剃光頭，所以在Scarlet和Season眼中，癌症就是等於光頭！

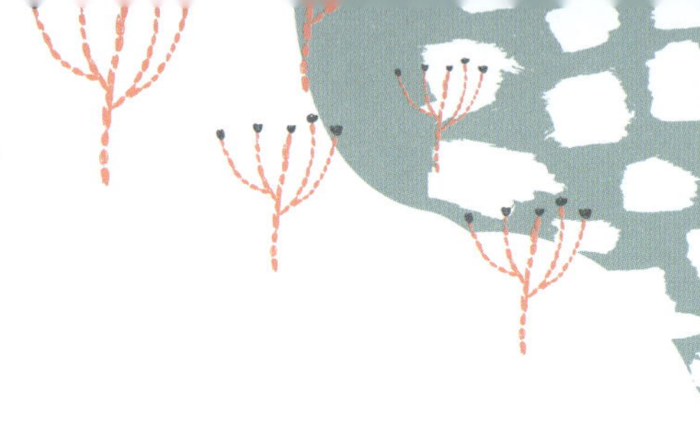

落髮＝愛的儀式

就是這一晚的對話，我的女兒啟發了我，不需要把所有的重擔全扛上身，真的不需要從自己的角度出發，把事情看得太沉重，令自己太擔心，這也是很多媽媽的通病。原來，在小朋友眼中，癌症就是那麼簡單，我覺得也不需要令她們的想法變得複雜。就是這樣，Scarlet啟發了我。我需要剃頭的那一天，我邀請了她們為我剃頭，把這作為一個一起參與的抗癌親子活動！她們由出世到現在的髮型，都是我一手包辦的。她們想不到竟然有一天可以為媽媽剃光頭，小朋友就是喜歡大人讓她們參與大人的生活，相信這也會令她們畢生難忘！

當Scarlet拿起的電推剪響起「嗡嗡」聲，頭髮像秋天的葉子般輕輕飄落，我的心跳得很快。看着頭髮一撮撮地落下，我心中不期然泛起陣陣刺痛，也擔心女兒們會否害怕這個陌生的媽媽。但她們的笑聲像一陣暖風，讓我安心。作為藝人，我曾以為頭髮是我的盔甲，但在這一刻，我感受到一種前所未有的輕盈。剃完頭，我摸着光滑的頭皮，對Scarlet 和Season說：「好了，媽媽的光頭準備好了！現在需要你們的魔法之吻，給我超能力！」

Scarlet咯咯笑着，踮起腳尖，在我的頭頂上親了一下，她說：「這是超級星星吻，讓你閃閃發光！」Season猶豫了一下，然後輕輕親了我的額頭，低聲說：「這是月亮的吻，讓你永遠平安。」她們的吻，像溫暖的陽光灑進我心，讓我忘了癌症的陰影，只感受到滿滿的愛。真正的超能力不是頭髮或外貌，而是愛。我第一次覺得，剃頭不是結束，而是一個新的開始，它不是病痛的標記，而是愛的印記——一個由Scarlet和Season的吻鑄成的徽章。

基本上所有抗癌病人，也會因化療的副作用，而被迫剃光頭。把剃頭這件傷心的事情，變成一個輕鬆、充滿笑聲的回憶，讓女兒將剃頭視為一個勇敢而溫暖的舉動，而非病痛的象徵，不是更好嗎？邀請女兒參與剃頭，不僅是將病痛轉化為愛的儀式，也是我作為母親和藝人展現創意與堅韌的時刻。女兒的吻，是我抗癌路上最珍貴的禮物。這份禮物提醒了我，癌症或許拿走了我的頭髮，但永遠拿不走這一刻。我的女兒會永遠記得這一天，不是因為癌症，而是因為我們一起用愛去編織這段甜蜜溫暖的回憶。

我的光頭告訴你，真正的美麗來自內心的堅強，
孩子，去綻放你的光芒吧！

重生的感覺

想不到，剃頭後，我看着鏡子裏光頭的自己，沒有感到失落，反而感受到被滿滿的愛包圍着。剃頭後的我，覺得有無比的興奮，因為沒有想過自己的頭型原來也不錯啊！Skinhead看起來還很有型和年輕呢！想起之前，我一直逃避，拒絕化療，其中一個原因就是不想剃光頭，相信沒有一個女士想剃頭吧！但萬萬想不到，剃頭後的感覺是這樣爽的！好像斬斷千絲萬縷的煩惱，回歸初生嬰兒一樣，這個擁有五十歲智慧的嬰兒，無忘初心，帶着女兒無比的愛，重新出發、重生。

就是這個溫馨有愛的親子互動，令我忽發奇想，想製作一首屬於我和女兒們的歌曲，不單是寫下我三母女的溫馨時刻，更希望鼓勵更多同路人，散播正能量。光頭媽媽又怎樣？媽媽不需要隱藏，不需要遮遮掩掩，光頭並不是一件不見得人的事情，甚至乎可以令你的子女為這個勇敢的光頭媽媽而感到驕傲！於是我在短短兩星期內，把這個靈

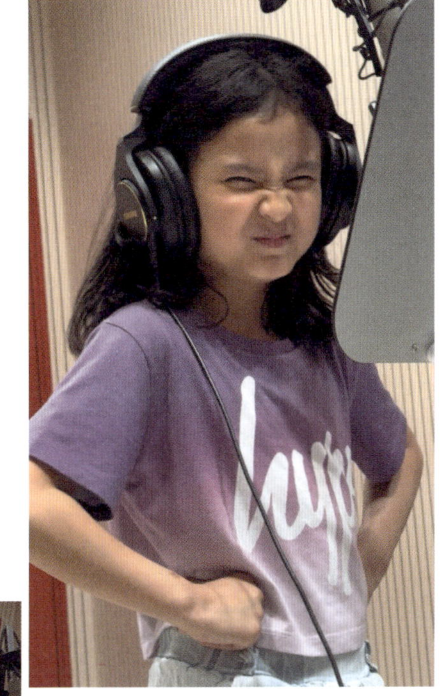

感告訴了一位好友兼同屆參選港姐Chacha，由她填詞，她的女兒Gretchen作曲，這首勵志新歌《Bald Mommy Bold Mommy》火速誕生！

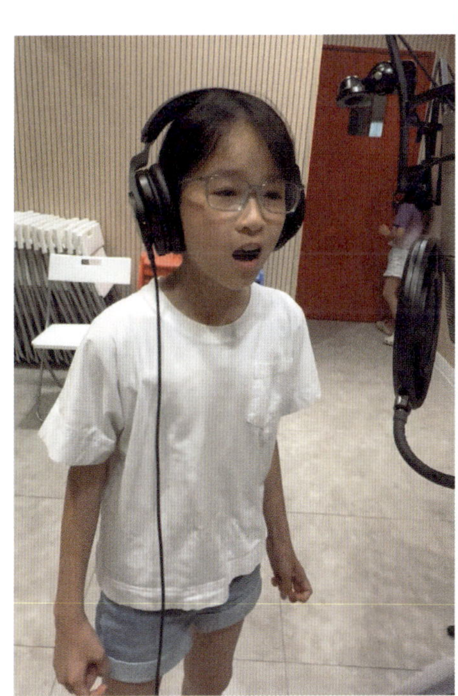

《Bald Mommy Bold Mommy》

Tone: Playful, loving, and resilient—a kid's tribute to their chemo-fighting mom.

Structure: Verse, Pre-Chorus, Chorus, Bridge, Outro—all rhymed.

Lyrics:

[Verse 1]

Wanna kiss my mom's head, it scratches each day,
It's itchy and funny, in a ticklish way,
Bald from the chemo, she's bold as can be,
I giggle and hug her, she's my jubilee!
She sits with her scarf, all colorful and neat,
Tubes all around, but she's still so sweet,
Daily we laugh, through the buzz and the hum,
Bold Mommy Bald Mommy, my number one chum!

[Pre-Chorus]

媽咪媽咪我對襪喺邊喎？
媽咪媽咪where's the bin to throw?
Runnin'round wild, I'm her noisy wee tot,
She grins through the fight, still my favorite spot!

[Chorus]

Bold Mommy Bald Mommy, 我先我先喎！日日日日夜　我要天天抱
Bold Mommy Bald Mommy, 我先我先　快來抱抱　快來説故事

[Verse 2]

She naps some days, but her smile's still bright,
"Grab me the remote, kid, let's chill tonight,"
I squeeze her tight, she's my hero so true,
Chemo's no match for her fearless crew!
Wigs in wild hues, she's stylin' with flair,

"Pink or bright green?"—we're a quirky pair,
Itchy bald head, I'm her daily delight,
Bold Mommy Bald Mommy, my guiding light!
[Pre-Chorus]
媽咪媽咪我對襪喺邊喎？
媽咪媽咪where's the bin to throw?
Chaos runs free, but she's still in command,
Fightin' each day, with her love so grand!
[Chorus]
Bold Mommy Bald Mommy, 我先我先喎！日日日日夜　我要天天抱
Bold Mommy Bald Mommy, 我先我先　快來抱抱　快來説故事
[Bridge]
Scratch-scratch, kiss-kiss, we're a duo so fine,
Needles and docs, she says, "Kid, I'll shine,"
襪喺度，bin喺嗰度, she points with a cheer,
"Keep it loud, my love, I'm still here!"
Hair or no hair, she's my queen so tall,
Bold and bald, she's my all-in-all!
[Chorus]
Bold Mommy Bald Mommy, 我先我先喎！日日日日夜　我要天天抱
Bold Mommy Bald Mommy, 我先我先　快來抱抱　快來説故事
[Outro]
Wanna kiss her head, it scratches, it's cool,
It's itchy and funny, my daily rule,
媽咪媽咪, you're bold, you're my star,
Bald Mommy, my love, forever you are!

孩子需要我的陪伴和鼓勵，同樣我也需要孩子的支持，親子關係從不是單向，是基於互相信任，雙方安心地分享情感，成為彼此成長的助力，何不讓她們陪伴我鼓勵我，在抗癌路上同行，彼此支援？

很多父母為了保護孩子，盡量報喜不報憂，家中出現任何問題，在孩子面前都絕口不提，甚至有些父母患了惡疾，也沒有好好跟孩子說。直至有一天突然離開這個世界，匆匆說再見，又或來不及說再見，旁人以一句「去了天國」就了事，其實卻對孩子造成一生的傷害。他們或許會想：「為什麼這麼突然？」「是我做錯了什麼嗎？」「如果我早一點知，我可以跟爸爸或媽媽說更多更多的話！」

隨着孩子成長，對生死疾病，或多或少都有點認知，與其含糊了事，倒不如循序漸進地解釋。我這一場病，正正是女兒們一課最貼身最真實的生命教育，為何我不親自跟她們說？生命是一切的根本，沒有命，如何談生？不管在任何情況，也不能輕言放棄。引導她們認識生命的珍貴和意義，啟發她們對生命的思考，相信對於建立健康情緒管理及自我價值，以及培養對生命的熱情，有莫大的幫助。

就是如此正面，女兒知道我患癌後，沒有過度焦慮不安。有一次小女兒Season做功課要造句，她寫道：「雖然媽媽沒有頭髮，但是依然很漂亮。」看她們的造句，我覺得很窩心和有趣，這造句更見她以正面心態看待我的病，而我也充分感受到她們源源不絕的正面、樂觀及積極的愛。小朋友既甜美又聰明，例如在我化療期間家傭放假一個月，大女會主動提出做些小家務，幫手洗碗、掃地或摺衫等，以減輕我的負擔，多窩心啊！其實，小朋友真的很懂事，大人真的不需要每件事都從大人的角度去呵護着小朋友，而剝削了他們成長的機會！

學會放手

女兒的學業方面，我以前常看得很緊，十分關注她們的功課，單是教做功課，已消耗雙方的精力及情緒。即使平時雙方關係再好，每當教孩子做功課及溫習時，總有些時候會禁不住動氣，大聲責罵，女兒嚇得哭起來。就算我糾正了她的功課，在考試時，她依然是犯同樣的錯處，真的令我很氣餒。直至到三年級上學期的家長日，老師說了一句：「三年班了！還要看她的功課？」

就是這一句令我反思，其實做功課是孩子的責任，不是家長的責任，不如我嘗試放手。因為再這樣下去，只會傷害母女之間的關係。回想我讀小學時，也是自己管理功課，為何女兒不行？於是我跟大女說：「Scarlet，我可以相信你嗎？我可以放手讓你處理自己的功課，溫習默書和測驗嗎？」Scarlet聽後，瞪大眼睛望着我，帶點興奮地說：「當然可以！相信我吧！我會做到的！」之後，我就真的放手不管。

我沒有過問大女兒的功課，只是教她一些溫習方法。我發現我放手不理後，大女兒的自發性及自理能力比以前提高很多，她減少對我的依賴，懂得安排溫習時間。而三年級的下學期成績表，Scarlet的成績果然比上學期好！那個瞬間，我明白，放手不是放棄，而是信任孩子的內在力量。原來小朋友就是喜歡大人把他們當作大人看待，喜歡得到你的信任和肯定，然後她會努力地做給你看，希望能得到你的認同！

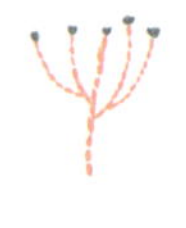

結語：

不要因為太呵護，而不知不覺間剝削小朋友成長過程中的學習機會，放手給他們學習，讓他們負上他們應有的責任吧！

RIVER ISLAND
RIVER ISLAND
RIVER ISLAND
RIVER ISLAND

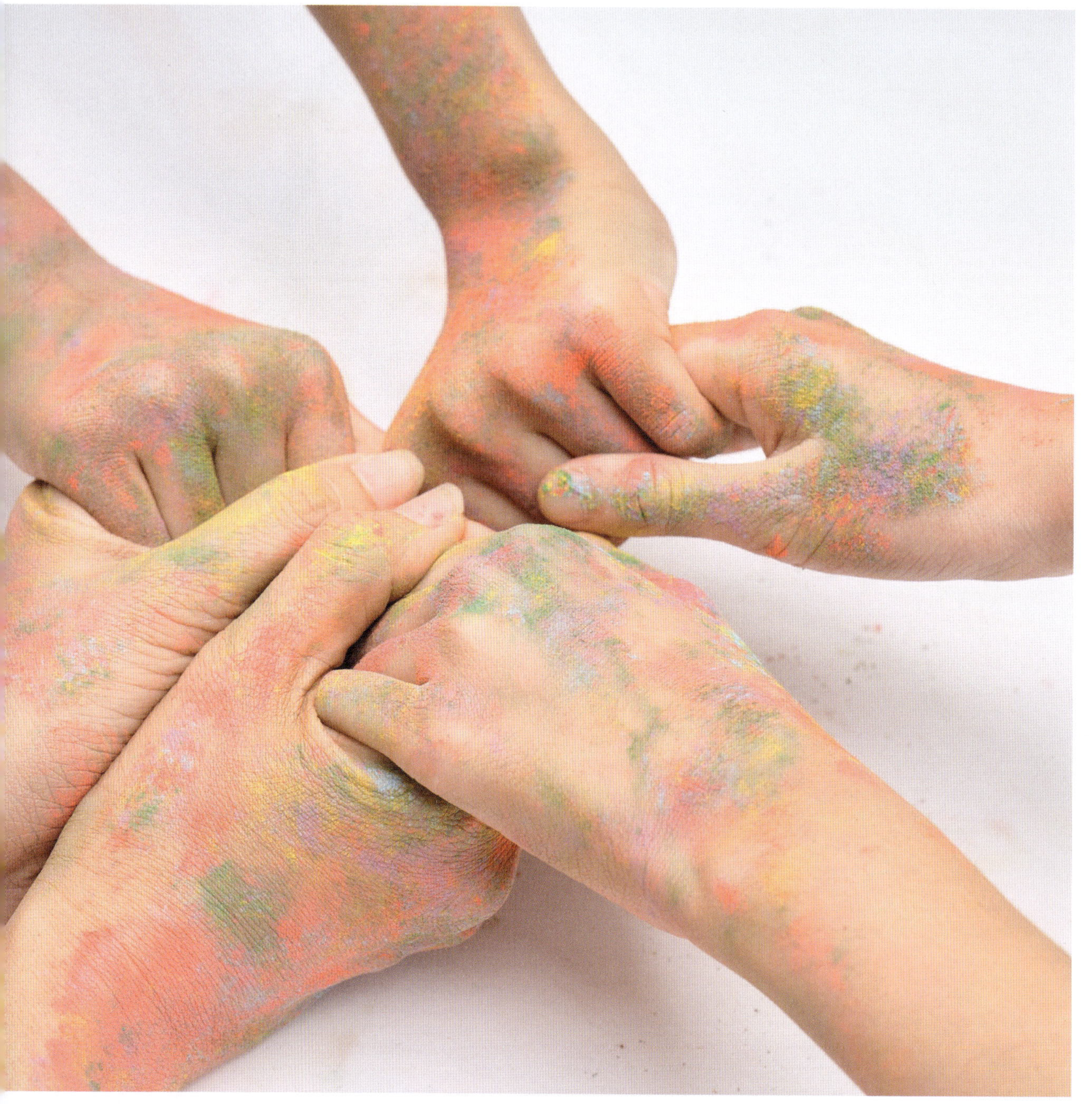

我的小天使，記住，你永遠有家可回，
有愛相隨，無懼任何風雨。

第七章 宗教

二零二四年九月
為首次光頭拍照留紀念

信仰就像一座溫暖的燈塔，
帶你從迷霧中走出來。

「愛是重生的鑰匙，
解鎖無限可能。」

信仰歸心，靈魂棲息

原來愛就在身邊。

抗癌路上，給吳文忻最大的喜悅，是找回內心真正的踏實感，重回那個久違但依然溫暖的天父懷抱。

昔日面對感情、事業等的未知與迷惘時，有些時刻，總希望能從更高的智慧中尋找指引，如許多人般去選擇求神問卜，期盼從冥冥之中獲得答案，以找到內心的安定，心靈上的依靠。

兜兜轉轉，原來釐清內心的困惑，獲得希望與勇氣，不是靠一張籤文、一個新的名字，又或拜神燒衣，而是最直接簡單的祈禱，與神對話。

再認識祂，再處理自己的生命問題，在自己的生活中作見證。每一件事情發生都是有其旨意，祂的指引為她點亮一盞燈，使吳文忻能勇敢地做出決定，走向光明的路。當她的生命再與祂連接，生命更茁壯。

冤親債主？孽債

在我出生後的第一個月，我被抱往教堂受洗，因為外婆和媽媽都是天主教徒。雖然媽媽不是每個星期日都會去教堂的虔誠教徒，但那時候，比較有名的小學也離不開天主教或基督教，在收生計分制下，有「領洗紙」會獲更多分數，成功入讀的機會更高，所以我們三兄妹也在出世後不久已領洗。

由小學到中學四年級，我在一所非常嚴厲的天主教修女學校就讀。記得小學時有段日子，每天上堂前也要上道理班，在這氛圍下，童年的我，每晚睡前都會雙手合十，向天父祈禱。小朋友總會有怕黑，總會胡思亂想，總會有恐懼的時候，而祈禱唸經，總能令我心靈回復平靜。那時，信仰就像一盞溫暖的燈，一直指引我前行的路。

長大後，尤其是踏入娛樂圈，令我覺得這個世界變得複雜而炫目。鎂光燈下，我遇見了各種古靈精怪的事：不道德交易的暗示，是非黑白的顛倒，讓我有很長的時間都是憤世嫉俗的；各式各樣的「師傅」與宗教信仰，像五顏六色的霧氣，令我眼花撩亂。

我曾試過諮詢不同玄學家，涉及風水命理、八字、紫微斗數、奇門遁甲、水晶助運、改名改運等各方面。拜這個，拜那個，甚至有人說我近期的運勢和病痛，是被「冤親債主」影響。這些聲音和壓力，像一陣陣旋風，將我與天主的距離愈拉愈遠。我開始懷疑，童年的那盞燈是否還在，還是早已被世界的喧囂吹滅。

二零二四年，當醫生告訴我乳癌復發至第三期，那份恐懼像黑夜般籠罩着我。

有人說，這是我的「孽債」，是「冤親債主」，是過去不知幾多世的因果在作祟。天啊！我的婚姻已經不順，積蓄一鋪清袋，抗癌的日子本已艱難，父親的猝死更像一記重錘，讓我幾乎崩潰。現在還要擔驚受怕，自己是否真的背負了無法償還的無形債，害怕病痛是對我的懲罰，這些恐懼與壓力，就像被冰冷的鎖鏈綑綁着我的靈魂。

不同的朋友介紹了不同的「師傅」給我，說可以幫我化冤親。我花了很多金錢去燒這樣，燒那樣，去擺陣，去驅邪，但好像怎樣做也做不對，怎樣做也做不完。每見一個新的「師傅」，都是說我的「冤親」還在，「孽債」很重，這個沒完沒了的「化冤親，清孽債」信息，在我乳癌復發至第三期後，像荊棘般不斷纏繞着我的思緒和心靈，令我感到十分害怕與不安，心靈也一直得不到平靜！

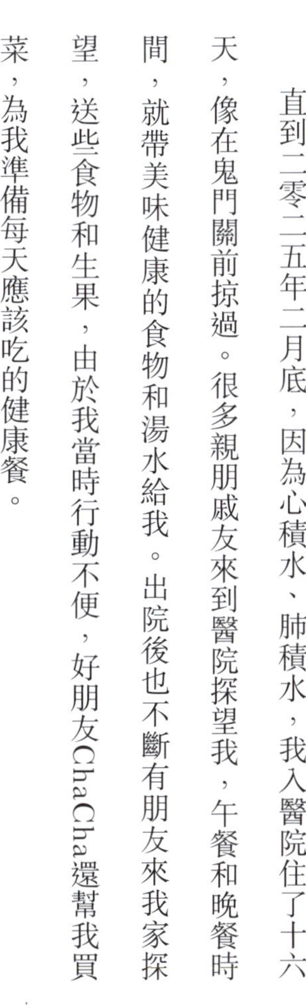

在愛中重生

直到二零二五年二月底，因為心積水、肺積水，我入醫院住了十六天，像在鬼門關前掠過。很多親朋戚友來到醫院探望我，午餐和晚餐時間，就帶美味健康的食物和湯水給我。出院後也不斷有朋友來我家探望，送些食物和生果，由於我當時行動不便，好朋友ChaCha還幫我買菜，為我準備每天應該吃的健康餐。

二十多年沒見的朋友Winnie，還借了給我一部高能量的氫氣機，好讓我每晚一邊睡，一邊吸，並介紹我在皮下脂肪腫瘤附近打高濃度的維他命C，好讓我減輕痛症和化療的副作用，同時我也感受到乳房的腫瘤發炎情況已沒有那麼嚴重。

寰亞宣傳部高層Mavis（原本我不認識她的）看

見我的報道後，就透過我的朋友聯絡上我，並二話不說買了一套昂貴的量子晶片產品送給我，包括量子晶片枕頭、水壺，和隨身帶的量子晶片。因為她十年前曾患腦癌，帶來很多後遺症，她就是靠用這些產品提升身體的精氣神而康復的，所以她很希望這些產品能夠幫到我！她真的幫了我，因為由出院的那一天開始化療，化療副作用令我每晚差不多凌晨四五點才能入睡，直至我用了她送給我的量子枕頭，每晚都可以很快安然入睡。

而且我亦很感謝很多贊助商，他們的補充品和藥粉實在幫到我提升整個身體的機能，令我在化療期間面色也那麼好，沒有什麼副作用。特別感謝贊助我「幹細胞免疫代謝療法」的公司老闆Felix，他說不但贊助我這段時間的療程，而且往後的日子也會陪伴我共同進退，去抑制癌細胞復發與增長！他的

這番話實在令我十分感動，他公司的磁療機和量子光機，也幫到我舒緩尾龍骨經電療後的疼痛。

還有，很多朋友和海量網民都説為我祈禱，陳志明神父親自帶了聖體前來我家探望，並給我領聖體。另外，很感恩在朋友介紹下，認識了Eddy導師，他免費教導四期癌症病人，不論你是什麼宗教背景或有沒有信仰，也可以去依靠神的力量，用光、氣和念力幫自己自癒身體細胞和去除體內的負能量，而我亦深深感受到那股龐大的力量。他們源源不絕的愛與關懷，實在很窩心，感覺就像全香港的人也陪伴着吳文忻一起去抗癌，我一點也不孤單，而且深深感到溫暖和感動，讓我感受一個很不一樣、充滿愛的世界，也讓我明白到，信仰不是外界的聲音，不是「孽債」或「冤親債主」的恐嚇，而是內心的平安與愛的力量。

重回天父的懷抱

癌症不是懲罰，而是對生命的試煉。那一刻，在這片靈性迷霧中，我感受到童年祈禱時的那盞燈又再次亮起來，成為了我的燈塔。

癌症、父親的離去、婚姻的結束，「孽債」的恐懼，這些試煉像狂風暴雨，但信仰帶領我，在祈禱中找到心靈的平安。我選擇回到天父的懷抱，我開始回復小時候祈禱的習慣，每晚臨睡前，祈求耶穌基督的寶血覆蓋在我身上，赦免我的罪過。祈求聖靈進入我的身體每一個細胞，把癌細胞變回正常的細胞。感恩天父每一天還給我活着，讓我在病痛中看見愛的光芒，在這場抗癌經歷裏給我學習和領悟，給我勇氣走出困境與陰霾，給我在愛中找到重生。

結語：

親愛的你，或許你也曾在信仰靈性中迷失，或被恐懼與失去包圍。我想告訴你，靈性的路從不坦然筆直，但愛與感恩總能帶你回家。在病房裏，我學會用祈禱和感恩面對每一天。你也可以，在你的旅程中，找到屬於你的光。無論是家人的擁抱、朋友的問候，或是你內心的信仰，它們都是你重生的力量。

第八章 情書

二零二一年六月
新冠肺炎時期，攝於大嶼山三白灣沙灘

你是媽媽心中最美的花，

勇敢綻放，世界會因你而更美麗。

My dearest beautiful Scarlet,

你一出世，百分之九十九的親朋戚友，都說你長得很像我，而且更勝媽媽，比媽媽還漂亮。相信這番讚美，你自小已聽了不少次，作為媽媽的我，也非常認同。

Scarlet的漂亮，不是很有殺傷力的那種，而是鄰家女孩那種善良、溫柔及隨和，那雙會笑的腰果眼、甜美的笑容，還有你溫和平易近人的性格。媽媽單是看着你，也被你融化了！

還有，爸爸和媽媽也認同你有一種獨持的氣質，就是任何「九唔搭八」的衣服放在你身上，你都可以駕馭到，這真的不是人人可以做到，但，你可以！

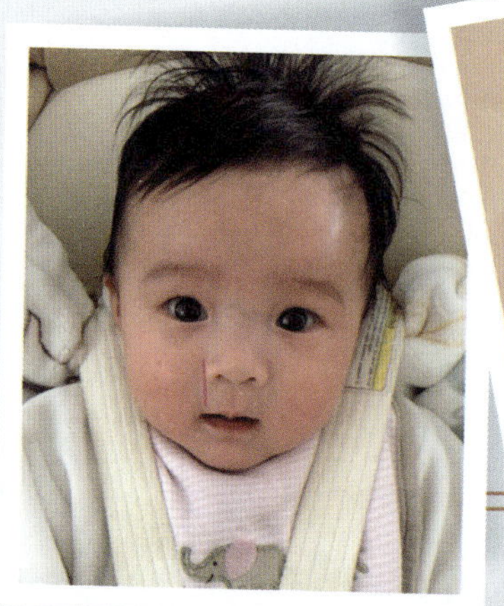

還記得你小時候，你是一個膽小子。好像什麼也害怕，很多事物都不敢嘗試，媽媽常常跟你說："You never try, you never know!" 我自你小時候就開始不斷用這句話來「洗腦」及鼓勵你，至今時今日原來是很用的。

你以前玩盪鞦韆，盪高一點點也害怕；今日的你，竟然主動說要玩過山車及笨豬跳，媽媽實在很驚訝你有這樣的轉變！不是說玩過山車或笨豬跳是很棒的事情，而是你竟然肯走出自己的舒適區，拿出自己的勇氣去嘗試，媽媽很為你驕傲！

媽媽一直希望你勇於嘗試不同的挑戰，從而增強自信心。我深信你的能力，一定遠比你想像的高，只要你有足夠的自信心和自我肯定就可以了。

Scarlet，無論你日後走得多遠，飛得多高，媽媽從來沒有要求你要有多大的成就，只希望你保持身體健康，身心愉快。盼望你能找到自己喜歡做的事情，不要為了生活，而硬着頭皮的去做不喜歡的工作。只要你做你喜歡做的，自然會全情投入落力去做，發光發亮！正所謂行行出狀元，況且也未必要做到狀元，人生才有意義和快樂！

媽媽希望你放眼看世界，不要做井底之蛙。好好感受天父給我們美好的

天與地，好好認識不同國家，不同文化，不同生活，好好去選擇適合自己的未來！

媽媽希望你好好感受去愛和被愛，但去愛之前，請先好好學懂怎樣去愛自己！愛自己，不是自私，而是自愛，不要為了愛而忘記了自己，忽略自己的感受。否則，這段愛根本不是建基於穩健的基礎下，最終只會兩敗俱傷！

人生總會有高低起跌，總會有難關要過，不打緊，關關難過關關過！你看，你現在不是也看着媽媽正在努力地過關嗎？

有一件事，媽媽想你緊記着，當

你感到很無助不安、無能為力時，天父和媽媽的愛，永遠常在你身旁，你永遠不會孤單！不妨把難關交託給天父去幫你處理吧！祂是你最強的後盾，憑着這堅定的信念和意志，你一定可以跨過難關的！

Scarlet，好好感受和享受你的人生旅程，這一切都是一個過程、學習與經歷，凡事不要太執著。記住，令自己快樂才是生命的基本！Enjoy and have fun in your journey! 媽媽永遠愛你！

Your crazy Mom

Scooter

My dearest BB豬 Season,

Season這個BB豬，還記得你出世後未滿月，半夜的哭喊聲聲如洪鐘，整層樓也聽到！我常常都搞不懂，為什麼你會哭得如此淒厲，直至到現在也如是，每次都令媽媽束手無策。硬性子、不聽人家的說話，執著、不懂表達（常躲在牀下底發脾氣），脾氣大到不能想像！

然而，你常常總有古靈精怪的表情和行為，自信滿滿地表現自己，一切一切，媽媽好像看着小時候的自己，原來你這性格比媽媽大了十倍！原來，最難搞的，就是一個內在性格和自己相似的人！

雖然媽媽和你很相似，但亦很擔心你，因為媽媽知道這樣的性格會走很多彎彎曲曲的冤枉路，會碰很多釘，會轉牛角尖。因為性格強硬，又不會表達溝通，表面像沒事發生，但你會把心事收藏得很深，甚至壓抑情緒，久而久之，很

容易情緒爆煲。這是要經歷過很多才會明白！

看着你的成長，真的覺得你非常可愛！自你來到這個世界，我看見你的那一刻，媽媽已覺得你是一個十足的美人胚子：眼大、鼻高、臉尖。雖然你出生不久，因吃奶吃得太開心，很快變了一塊「肥叉燒」，但仍然十分可愛！

記得以前，我常常跟你說：「你又馮寶寶上身嗎？」因為你真的是一個Drama Queen，反應總是誇張得如演戲一樣。你可以一下子就眼淚盈眶，眼淚在大大的眼珠中滾動，一副楚楚可憐的樣子，去討你想要討的！你只花15秒，就可以做到這

個表情，我想，你真的很有潛質去拍戲啊！

Season，你的漂亮是源自於你滿滿的自信，但這種漂亮是有殺傷力的。雖然自信的人通常都不太聆聽別人的說話，很有自己的一套，但媽媽真的希望，你能不斷抱着謙卑的心，去聆聽、學習，以鞏固你那得天獨厚的自信和勇敢！

和Scarlet一樣，媽媽希望你現階段能不斷探索和了解自己喜歡的是什麼，強項是什麼，從而選擇日後應走的路和工作。同樣地，媽媽亦希望Season可以放眼看世界，不要做井底蛙，好好去感受天父給我們美好的世界，選擇適合自己的生活方式！

媽媽希望你好好感受去愛與被愛，不要為了去愛一個人而迷失了自己，因為懂得愛自己，做最好的自己，你自自然然會發光發亮，吸引一個懂得去欣賞你珍惜你的人！不要為愛情太執著，好好去找一個會令你笑的人，而不是找一個令你流淚傷心的人！記住，生活是

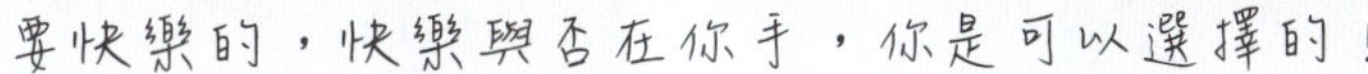

要快樂的，快樂與否在你手，你是可以選擇的！

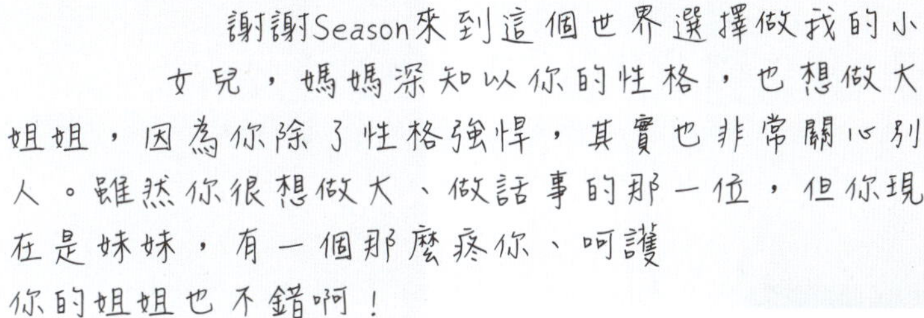

謝謝Season來到這個世界選擇做我的小女兒，媽媽深知以你的性格，也想做大姐姐，因為你除了性格強悍，其實也非常關心別人。雖然你很想做大、做話事的那一位，但你現在是妹妹，有一個那麼疼你、呵護你的姐姐也不錯啊！

你要知道，姐姐和媽媽，是你這一生最親、最可傾訴的對象，也是最了解你的知己。將來無論媽媽身處何地，媽媽的愛永遠都在你心裏，而姐姐也永遠在你身旁，還有你的最強後盾：天父的愛！所以在成長的日子裏，如遇到高低起跌，遇到各種困難，遇到多不如意多不開心的事情，屆時就將這些難題交託給天父吧！祂會好好地幫助你，替

你安排，你不用擔心，也不用覺得孤單！

BB豬，好好享受你的人生旅程吧！這個人生將會是快樂，是有挑戰性，還是平靜安穩，又或是傷心悲痛的旅程，完全是你可以選擇的！一切都是取決於你以什麼心態去看這個世界！一切從心出發。

Enjoy and have fun in your journey! 媽媽永遠愛你！

Your crazy Mom

親愛的讀者：

無論你是癌症病人，或是癌症病人照顧者，或是遇到不順景、失意，其實，人生真的無常，何必太執著！一切都是一場經歷和學習，能夠學習與否，就要看看你自己，是否願意去自我反思和勇敢面對，立心改變。不然，你所發生不好的事情，會在你人生裏無限輪迴！

所有事情都是源於自己怎樣去想，凡事有兩面，是好是壞往往是一念之差！只要你這一念改變，身邊的事情也會隨之改變，只要你的念是向好的方面想，圍繞着你的也會開始變好！

接受、放下、面對，這六個字雖然簡簡單單，但我也花了三年的時間，才真真正正徹底領悟。過份執着，只會害了自己，和你值得信任的人傾訴吧！每一次傾訴，都會讓你放下一點的執着，慢慢會變好的！

有一段長時間，我也逃避過，負面過，執着過，直到一個地步，就是意識到再這樣下去的話，是會死的！最後我選擇勇敢地去面對和公開，逼自己要改變這個念，念改變，行為自然會變，一切圍繞着你的也會變，相信這就是吸引力法則吧！身邊的親人或朋友可以扶你一把，但救自己的，必定是你自己，如果連你自己都選擇放棄，沒有人幫到你的！

當你感到絕路時，如有宗教信仰的，不妨把一切交託給你的宗教！"I will try my best! God will do the rest! " 沒有宗教的，也可以抬頭，看着天空說：「我已不知道怎樣再走下去，我把我的生命交託給你，求你可以引領我嗎？」

讓自己躺平一下，好好感受這個宇宙的能量，出外曬曬太陽，赤腳在草地上走走接地氣，將煩惱交給上天，好好地去感受、去感恩身邊人對你的愛，好好地感受內在的自己，每天給自己一點時間冥想，重整自己的心態，去重建更好的人生！

雖然我在這段抗癌路上並不容易，但是我也感激我有這樣的經歷！現在我的癌症已去到第四期，亦是大家所指的末期，雖然治療給我說不出的辛苦及痛楚，但是反而讓我的鬥志和勇氣比以前更高更強。因為沿途一直有你，有你，和你，每一個朋友，每一個網民，每一句加油，每一句支持，都深深壯大了我的鬥志。我想，我的人生就是要充滿經歷才會學懂，我衷心感激每一位給過我愛和支持的人，就是你們令我重新認識一個不一樣、充滿愛的世界！感激！感恩！

請緊記，思想改變行為，行為能改變命運，一切源於自己的想法，你是有選擇的！這個世界其實充滿了愛！你的信念和愛的力量，絕對可以讓你絕處逢生。這個「重生」不單只是為了活着，而且還要比以前活得更加好，活出精彩的第二人生！相信自己，你做得到的！

吳文忻

因愛重生
忻愛從心

作　　者：吳文忻 Nathaliie Ng
助理出版經理：陳思齊
責任編輯：Carmen
設　　計：麥斯
協　　力：Karen
攝　　影：Raymond Kam
化　　妝：Jenny Tziong
出　　版：日閱堂出版社
發　　行：明報出版社有限公司
　　　　　柴灣嘉業街18號明報工業中心A座15樓
電　　話：2595 3215
傳　　真：2898 2646
網　　址：http://books.mingpao.com/
電子郵箱：mpp@mingpao.com
版　　次：二〇二五年七月初版
I S B N ：978-988-8925-07-0
承　　印：美雅印刷製本有限公司